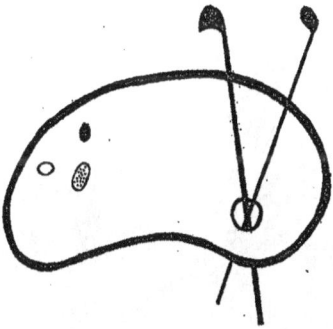

COUVERTURE SUPERIEURE ET INFERIEURE
EN COULEUR

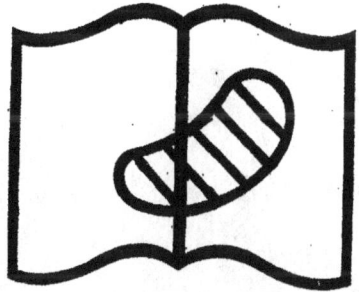

RECTO ET VERSO

Illisibilité partielle

VALABLE POUR TOUT OU PARTIE DU
DOCUMENT REPRODUIT

EN BRETAGNE

de St Malo à Brest

125 Dessins

GUIDE-ALBUM DU TOURISTE

Par Constant DE TOURS

VINGT JOURS

EN BRETAGNE

DE SAINT-MALO A BREST

125 DESSINS D'APRÈS NATURE

PARIS

MAY & MOTTEROZ, LIB.-IMP. RÉUNIES, 7, RUE SAINT-BENOIT

GUIDES-ALBUMS DU TOURISTE, par CONSTANT DE TOURS

EN VENTE DANS TOUTES LES LIBRAIRIES DE FRANCE ET DE L'ÉTRANGER

VINGT JOURS **En Bretagne** (DE SAINT-MALO A BREST), par CONSTANT DE TOURS..Album illustré de 125 dessins exécutés d'après nature. Dans un cartonnage artistique avec fers spéciaux . . . . **3 fr. 50**

VINGT JOURS SUR LES **Côtes Bretonnes** (NANTES A BREST ET BASSE-LOIRE), par CONSTANT DE TOURS. Album illustré de 125 dessins exécutés d'après nature. Dans un cartonnage artistique avec fers spéciaux . . . . **3 fr. 50**

ADOPTÉS PAR LE MINISTÈRE DE LA MARINE

VINGT JOURS SUR LES **Côtes de Normandie et de Bretagne** ET A L'Ile de Jersey, par CONSTANT DE TOURS. Album illustré de 110 dessins exécutés d'après nature. Dans un cartonnage artistique avec fers spéciaux. . . . . **3 fr. 50**

VINGT JOURS DU **Havre à Cherbourg** PAR LES **Côtes Normandes**, par CONSTANT DE TOURS. Album illustré de 180 dessins exécutés d'après nature. Dans un cartonnage artistique avec fers spéciaux. . . . . **3 fr. 50**

VINGT JOURS D'**Étretat à Ostende** PAR LA **Haute-Normandie** ET LES **Plages du Nord**, par CONSTANT DE TOURS. Album illustré de 180 dessins exécutés d'après nature. Dans un cartonnage artistique avec fers spéciaux. . . . . **3 fr. 50**

VINGT JOURS A **Paris**, par CONSTANT DE TOURS. Album illustré de 200 dessins exécutés d'après nature. Dans un cartonnage artistique avec fers spéciaux . . . . **3 fr. 50**

VINGT JOURS **En Suisse**, par PAUL NAC, Membre du Club Alpin, et CONSTANT DE TOURS. Album illustré de 160 dessins exécutés d'après nature. Dans un cartonnage artistique avec fers spéciaux . . . . **5 francs.**

Plusieurs Guides-Albums en préparation.

LE DÉPART [1]

Gare Montparnasse.

Ligne de Bretagne !

EN BRETAGNE ! Combien de voyageurs curieux de pittoresque y vont aujourd'hui observer ou rêver ! C'est que sur la terre des vieux Celtes chacun trouve à puiser largement : l'historien, le poète, le peintre, le touriste. Aussi quittons-nous cette fois Paris avec une caravane d'aimables artistes qui se promettent de retracer, non plus *ce que l'on imagine, ce que l'on raconte* du pays des Korrigans, mais bien *ce que l'on voit* jusque dans les coins les plus reculés de la Bretagne de cette fin de siècle, toujours respectueuse du culte des ancêtres, des traditions du passé. Rude pays, où le « voyageur d'été » *se bretonnise* au contact des indigènes que semblent défendre de toute mode — de tout entraînement mondain, du parisianisme nivelant — leurs solides clochers de pierre, leurs antiques calvaires, leur terre granitique. La douce Normandie, comme

1. Voir à la fin de l'Album les *Renseignements pratiques* pour ce voyage.

ses longues grèves et ses falaises crayeuses qui « fondent » sous la vague, s'est laissé amoureusement subjuguer ; la Flandre sablonneuse — que nous visitions l'an dernier — est grise et molle comme son nom ; le pays breton, au contraire, résiste, lutte avec entêtement, sans fracas : BRETAGNE! BRET a l'as-périté de son sol de granit, AGNE exprime la douceur mélancolique de ses paysages. C'est l'Armorique entière : bois et sentes ombreuses au centre, rochers abrupts tout autour. Et « le chant, les croyances, les traditions merveilleuses animent, dit le poète des *Bretons,* de leurs couleurs riantes ou sombres cette apparente monotonie ».

Partons ! Les petites Bretonnes n'ont qu'à se bien tenir, nous entendons les croquer toutes ! Et les

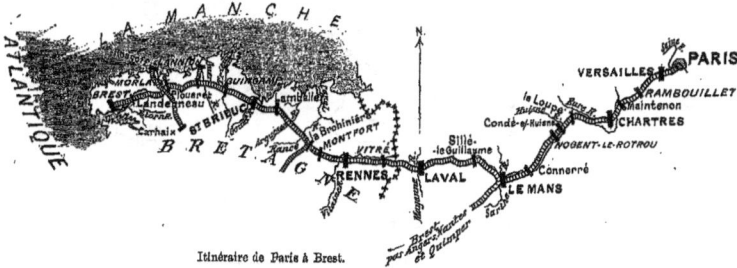

Itinéraire de Paris à Brest.

Bretons aussi, avec leurs plages rocheuses, leurs ossuaires, leurs calvaires, leurs innombrables clochers. Il ne dépend que de vous d'en faire autant, soyez des nôtres !

Les côtes de Bretagne, de Saint-Malo à Brest.

Le train court vers les côtes bretonnes que nous allons suivre depuis la Rance vue dans un précédent voyage [1] jusqu'à Brest. Nous roulons sur la grande ligne de Vitré, Rennes, Dol pour Saint-Malo.

1. *Vingt jours sur les Côtes de Normandie, de Bretagne et à l'Ile de Jersey* (Guide-Album du Touriste).

Voici Versailles, après Bellevue bien nommé, d'où l'on jette un « au revoir » à l'admirable panorama de Paris vers l'ouest. Sans réveiller la paisible ville de Louis XIV le train rase, à droite, la pièce d'eau des Suisses en avant de l'Orangerie, puis l'École militaire de Saint-Cyr; des plaines boisées entourent Rambouillet, Épernon, Maintenon, et la campagne aux lointains horizons recommence à Jouy; dix kilomètres plus loin, Chartres, dont la magnifique cathédrale possède deux clochers étonnants de dissemblance, le Clocher-Vieux, datant du XIIᵉ siècle tandis que son frère plus jeune, le Clocher-Neuf, ne remonte qu'au XVIᵉ.

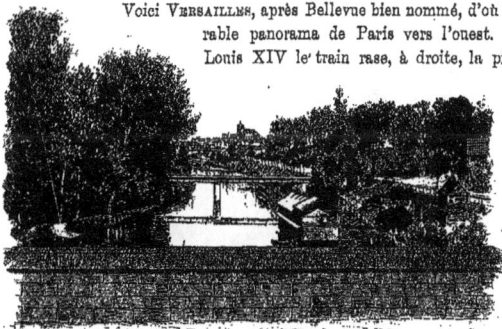

Le Mans vu du wagon, en traversant la Sarthe.

A Chartres on laisse la ligne d'Orléans à Rouen, quittant la plane Beauce pour le Perche; nous croisons, à la Loupe, l'embranchement d'Évreux; à Condé-sur-Huisne, la ligne d'Alençon et de Mortagne. Franchissant la jolie petite rivière l'Huisne, nous entrons à Nogent-le-Rotrou et près de la voie se dressent l'église Saint-Hilaire et les belles ruines du château de Saint-Jean. A la Ferté-Bernard on pénètre dans le beau pays fertois et, après avoir laissé à Connerré les chemins de fer de Mamers et de Saint-Calais, on arrête au MANS. Quittant la station, la voie traverse la Sarthe sur un petit viaduc : dans un encadrement d'arbres, apparaît la ville au-dessus de laquelle plane sa belle cathédrale gothique, et longtemps encore on la voit tout entière ; puis, laissant à gauche la ligne d'Angers, voici, au delà d'une plantureuse campagne, SILLÉ-LE-GUILLAUME et son curieux château, dont les deux tours crénelées se montrent à droite, à côté de l'église ; les voyageurs pour Sablé changent là de train. Évron dont l'église est des plus originales avec sa flèche d'ardoises qui penche près de son ancien clocher terminé en lanterne ; — au loin, la haute flèche du village de Saint-Cénéré que domine un beau château moderne perché sur la colline ; — la Chapelle-Anthenaise, où s'embranche la ligne de Mayenne, nous amènent à LAVAL.

LAVAL.

Au sortir de la gare le train franchit un long viaduc élevé de vingt-huit mètres, d'où la vue embrasse la ville qui se déroule pittoresquement, moitié sur la colline et moitié dans la plaine, sur les deux rives de la Mayenne.

Nous longeons le grand étang de Port-Brillet à gauche de la voie et, après avoir traversé le plateau séparant les vallées de la Mayenne et de la Vilaine, nous entrons dans la BRETAGNE qui commence là pour finir à la pointe de Kermórvan, tout au bout de la terre... de France ; l'étang de Pain-Tourteau annonce Vitré.

VITRÉ

Vitré ! Quelle délicieuse entrée dans la province bretonne ! En dépit de son nom, la Vilaine arrose là une bien jolie petite ville, une des plus pittoresques de la Bretagne.

Vitré compte dix mille habitants ; les restes imposants de l'ancien château fort des La Trémouille, les remparts et les vieux quartiers forment un ensemble étrangement curieux. Dès l'abord, la gare élégante et la grande place voisine nouvellement plantée d'arbres, entourée de bâtisses neuves et banales, font croire à une ville moderne ; ne vous y laissez pas prendre, la petite cité fait la coquette et c'est pour vous plaire qu'elle se montre à vous fraîchement parée, fardée de plâtre neuf : elle vous cache ses rides, vous dérobe ses vieilleries, son antiquaille que, précisément, vous venez rechercher.

Pénétrez dans la première rue venue, vous rencontreréz fatalement la rue Baudrairie, la rue Poterie, la rue Notre-Dame, la rue Saint-Louis, invraisemblables, exquisement *moyen-*

VITRÉ. — Les bords de la Vilaine.

VUE PANORAMIQUE DE VITRÉ.

2

âgeuses, où s'entassent les pignons en ogives, les encorbellements qui surplombent le ruisseau, les lucarnes à auvents, les tourelles en pointe, les toits à épis, les gargouilles diaboliques, les niches à saints ; des enfilades d'arcades à solives décorées, des porches pleins d'ombre, des cours étroites, des escaliers vermoulus. Poursuivez, voici des hôtels Renaissance avec pilastres, œils-de-bœuf, rinceaux, meneaux et linteaux finement ciselés ; voici encore de vieilles masures en bois, tout habillées d'ardoises, qui se soutiennent de biais comme des gens ivres, s'épaulant pour ne pas être écrasées sous leur toiture gigantesque, lourde à porter. Et tout cela dans des ruelles mal percées, tortueuses, des carrefours resserrés où circulent les petits bonnets plats à brides coquettes que la mode parisienne n'a pu encore détrôner. Au milieu de cet enchevêtrement de constructions fantastiques, reliques des siècles passés, s'élève l'église Notre-Dame, ancien prieuré de l'abbaye de Sainte-Mélaine de Rennes ; à l'un des contreforts de sa façade latérale sud, près du portail joliment décoré,

VITRÉ. — Chaire extérieure de Notre-Dame.

s'accroche une élégante chaire extérieure du XVIᵉ siècle recouverte d'un dais et délicatement sculptée.

Au-dessus de la vieille cité tranquillement endormie plane, dominateur et superbe, le château de Vitré, construit ou complété dans les dernières années du xive siècle. Magnifique témoignage de l'architecture militaire du moyen âge, l'antique forteresse s'ouvre sous un arc ogival flanqué de deux grosses tours à mâchicoulis récemment restaurées. « Au xve siècle, l'usage des ponts-levis était adopté partout, dit l'auteur de *l'Architecture gothique*[1], et il s'ensuivit un perfectionnement fort intéressant que nous montre la porte du Châtelet du château de Vitré. On créa alors dans la courtine, entre les tours, une poterne à côté de la porte principale; chacune de ces ouvertures était munie de son pont-levis : à deux bras pour la grande porte destinée aux cavaliers et aux voitures, à un seul bras pour la passerelle à l'usage des piétons. Soutenus par une fourche au sommet de laquelle s'attachait la chaîne de suspension, les tabliers, relevés, fermaient les ouvertures de la porte et de la poterne en laissant béant le fossé creusé profond qui séparait la porte de la voie d'accès. »

1. *Bibliothèque de l'Enseignement des Beaux-Arts*, publiée par l'Ancienne Maison Quantin.

A Vitré.

La formidable bastille de Vitré, dont les poivrières reliées aux murailles des remparts se dressent, avec le clocher de Notre-Dame, au sommet de la colline, renferme aujourd'hui la prison..... Tout comme l'église, le château possède sa loge extérieure, délicieuse absidiole accrochée au pignon de la tour faisant face au châtelet et qui porte cette devise : *Post tenebras spero lucem.*

Dans les faubourgs, au Bourg-aux-Moines et au Rachapt, industrieux quartier qui s'étend au pied des remparts et du donjon, on trouve encore plus d'une maison curieuse ; puis, dans un nouveau quartier, l'église neuve, Saint-Martin, de style roman. De la colline des Tertres-Noirs, de la promenade du Val ou du chemin des Remparts, les aspects sont charmants et la vue s'étend sur le verdoyant bassin de la Vilaine ou sur la ville massée entre son château féodal et le clocher de son église.

A une lieue de Vitré, sur la route du bourg d'Argentré, se trouve le château des Rochers, ancien manoir de Mme de Sévigné, qui domine un étroit et pittoresque vallon dont les prairies sont arrosées par « des étangs et une petite rivière ».

Mme de Coulanges conseillait à la châtelaine de quitter ses « humides » Rochers, ce qui lui valut cette réplique de la spirituelle marquise : « Humide vous-même !... nous sommes

VITRÉ. — Carrefour des rues Sévigné et Poterie.

sur une hauteur. C'est comme si vous disiez « votre
humide Montmartre ». On y retrouve encore les
« allées de la Solitaire », le « Mail » ou « l'Hu-
meur de ma fille » et la barrière d'entrée devant
laquelle la comtesse de Quintin « est passée ce
matin,... elle a demandé à boire un petit coup de
vin : on lui en a porté, elle a bu sa chopine, et
puis s'en est allée au Pertre... Que dites-vous de
cette manière bretonne, familière et galante » ?

Reprenons notre ligne : laissant à droite Vitré
sur sa colline, le train nous entraîne neuf lieues
plus loin, à Rennes, à travers les côteaux boisés,
les grasses prairies.

RENNES

L'antique capitale des ducs, l'ancienne ville
capitale de la province de Bretagne est située au
confluent de l'Ille et de la Vilaine; c'est une

Les remparts de Vitré.

— 14 —

RENNES.
Les maisons
de la
place des Lices.

grande préfecture de 60,000 habitants, aux rues propres, spacieuses, régulières, bordées de trottoirs larges et de massives bâtisses uniformes, de couleur sombre, à vastes façades de granit bien alignées, d'aspect — hélas ! — tout à fait moderne : la faute en est au goût du siècle qui a pu se donner libre carrière en réparant les désastres d'un formidable incendie allumé accidentellement par un menuisier ivrogne et qui détruisit, en 1720, la plupart des vieilles maisons de bois de la ville : plus de mille furent consumées en cinq jours ou sérieusement atteintes par le fléau.

En traversant la ville, la Vilaine — qui mérite ici son nom — coule dans un profond canal, entre deux murs de granit que joignent quatre petits ponts bien parallèles. Les quais sont larges, mais inanimés, garnis de riches maisons à hautes fenêtres, silencieux et tristes comme les rues de Versailles. Tout à Rennes est froidement monumental, imposant, solennel comme un parlementaire à perruque, jusqu'ici dépourvu de souriante légèreté et de grâce enchanteresse. Monumentale est la gare située entre le faubourg Saint-Hélier et le Champ de Mars ; en face s'ouvre une large avenue qui longe le lycée — aussi monumental — et rencontre, à l'angle du quai de l'Université, le palais universitaire où s'abritent les Facultés, en même temps que d'importantes collections et un très riche Musée de peinture et de sculpture. Le pont Saint-Georges conduit à la rue Gambetta, où se dresse une caserne... monumentale.

Sur la place du Palais se trouve le plus bel édifice de Rennes : le Palais de Justice, ancien palais du Parlement, commencé en 1618, et dont la façade, que protège des intempéries une rangée de gargouilles hérissées et chimériques, est ornée de colonnades et des statues des jurisconsultes d'Argentré, La Chalotais, Toullier et Gerbier; l'intérieur est décoré de peintures et de sculptures remarquables. Tout à côté s'ouvre la place où l'on voit : l'hôtel de ville, ancien présidial de 1734, d'une originale élégance, bâti en arc de cercle, avec beffroi que couronne un dôme; et son pendant le théâtre en rotonde, couronné par Apollon et les neuf Muses. Proche du canal d'Ille et Rance et du Mail est la place des Lices, grande, aux imposantes maisons qui donnent une idée de la ville haute du XVIIe siècle. Là se tient le marché, où l'on rencontre comme par antithèse au pied des gigantesques façades de granit les minuscules bonnets et les petits tabliers enfantins des aimables Rennoises.

C'est à côté que se voient les derniers débris de l'enceinte fortifiée de la ville ducale, la célèbre porte Mordelaise du XVe siècle, — ouvrant le chemin de Mordelles, par où les ducs de Bretagne et les évêques de Rennes faisaient jadis

A Rennes.

leur entrée solennelle, — et qui est aujourd'hui habitée, défigurée. A côté de la porte Mordelaise, la cathédrale Saint-Pierre, plusieurs fois démolie, rebâtie en 1787 et achevée en 1844, n'offre rien d'intéressant à sa façade surmontée de deux tours à colonnades superposées ; mais l'intérieur étonne par son caractère théâtral : les colonnes de la nef et les revêtements des murs en stuc rose, les plafonds à caissons dorés, les vitraux peints, l'or et les couleurs qui éclatent dans tous les coins, toutes ces ornementations ultra-somptueuses manquent peut-être de la sobriété et de l'humilité requises pour un saint lieu, mais elles n'en sont pas moins riches et fort brillantes à l'œil. Parmi les autres églises de Rennes Notre-Dame-de-Bonne-Nouvelle se distingue par ses bannières et ses ex-voto. C'est surtout au nord de la ville et autour de la cathédrale que subsistent les maisons curieuses échappées à l'incendie.

La place Saint-Melaine, où l'on voit l'église de ce nom, ancienne abbatiale, et l'archevéché voisin de la Préfecture, conduit à la jolie promenade du Thabor, séparée par une longue grille du Jardin des Plantes ; enfin la place ovale de la Motte, plantée d'ormeaux, domine magnifiquement la vallée de la Vilaine. Dans le Thabor se dressent sur un piédestal la statue de Duguesclin, érigée en 1825, et une colonne consacrée à la mémoire de Vanneau et de Papu, tués à Paris en juillet 1830.

La ligne de Redon offre aux habitants de Rennes les joies de la pêche à la ligne et des jolies excursions ; aussi, chaque dimanche de la belle saison, les trains reviennent-ils bondés de voyageurs comme ceux de la banlieue parisienne. La mer aussi est proche : nous ne sommes qu'à cinq lieues de Saint-Malo. C'est à Rennes qu'est la bifurcation pour Dol, Saint-Malo, Dinan, Dinard, Saint-Enogat et les plages voisines ; nous abandonnerons là notre grande ligne de Brest, que nous reprendrons plus tard à Lamballe.

CÔTES BRETONNES

La plage de Dinard.

Dinard et **Saint-Énogat.** — De Rennes à Dol, le train laisse à gauche les lignes de Redon et de Brest, à droite la forêt de Rennes et, traversant l'Ille canalisée, arrive par Saint-Germain-sur-Ille et ses jolis paysages à Montreuil et à Combourg, dont le château abrita l'enfance de Chateaubriand ; puis, après avoir rejoint la ligne de Dinan à Lamballe, on est à Dol.

8

Ici s'étoilent les lignes de Pontorson, Avranches, Granville et le Cotentin ; de Dinard par Dinan ; de Lamballe et Brest. En poursuivant tout droit, nous gagnons le Vieux-Rocher malouin d'où un bateau à vapeur nous dépose, après deux ou trois légers coups de roulis, à Dinard, au Bec-de-la-Vallée.

Saint-Énogat.

Dinard, autrefois simple faubourg de pêcheurs sous la dépendance de la commune de Saint-Énogat, a subjugué son ancienne maîtresse et aujourd'hui l'on voit de l'autre côté du village de Saint-Énogat, à son tour mis en tutelle, le poteau indicateur des limites de l'octroi de Dinard. Cette suprématie de la petite ville fraîche et neuve qui s'étale coquettement au-dessus de l'anse formée par la Rance lui vient de la douceur de son climat, de l'abri de sa belle plage et de sa situation exceptionnelle aussi bien au bord de la mer qu'à proximité d'une campagne délicieuse : aussi le succès fut-il rapide et Dinard est aujourd'hui le Trouville ou le Dieppe des plages bretonnes.

Mais le *Gulf Stream* étendant sa chaude et mexicaine influence dans tout le voisinage, et — nous l'avons vu — jusqu'en Normandie, il n'y avait pas de raisons pour que Saint-Énogat, tout proche, ne

trouvât pas, lorsqu'il voulut bien se réveiller, autant de
vogue que son entreprenante voisine. De l'une à l'autre, et
sans interruption, les falaises qui dominent la rade et la
mer se couvrent d'une longue ligne d'élégantes villas aux
noms fleuris; des escaliers taillés dans le roc les relient à
l'ancien Dinard maritime, étagé depuis la plage du Prieuré,
en face de Saint-Servan, jusqu'à la route circulaire qui la
contourne. Cette plage primitive est aujourd'hui désertée
en raison des vases qu'y accumule l'estuaire de la Rance;
mais la plage de l'Écluse est fort belle : elle ouvre son
hémicycle en regard de la mer et abrite au pied des collines
rocheuses sa grande plaine de sable d'une extrême finesse.
Autour de la jolie station balnéaire, les longues routes
ombreuses se multiplient et les excursions dans les sites
charmants de la Pointe de la Vicomté aux arbres sécu-
laires, sur les bords enchantés de la Rance, qui n'a pas de
rivale; les voyages en mer : à Cézembre, aux îles Chausey,
à Jersey; les traversées minuscules à Saint-Servan, à
Saint-Malo, au Grand-Bey; les promenades à la pointe
des falaises et sur les grèves de la côte, à la pêche du

Les bonnets bretons, de la Rance au cap Fréhel.

petit poisson argenté qui, d'équille normande est devenu le lançon breton, changeant de nom avec la latitude ; tous ces avantages font de Dinard un pays privilégié.

La mer, âpre et tourmentée de remous violents, commence à Saint-Malo à entasser les découpures de granit qui dentellent les côtes de Bretagne et les rendent si impressionnantes et si pittoresques : au milieu des grottes profondes s'ouvre le gouffre béant de la *Goule aux Fées,* qui ferme à l'ouest la plage d'Étretat plus grande encore que celle de Dinard. L'aspect se modifie à chaque pas que l'on fait vers l'ouest ; nous voilà loin des longues grèves qui se succèdent, plates et tranquilles, en Basse-Normandie ! Et en continuant vers l'incomparable Basse-Bretagne nous trouverons toujours une grande variété, selon que le village balnéaire sera sur un promontoire, au fond d'une baie, sur le bord d'une rivière ; chemin faisant, les bonnets changent avec la paroisse, chacun d'eux restant fidèle à la mode de son clocher. Il est curieux de les grouper de la Rance au cap Fréhel, depuis la coiffure de Dinard, qui présente la forme d'un casque ou plutôt d'une cocotte en papier, comme en font les enfants, jusqu'aux capelines noires qu'arborent les vieilles de Saint-Cast et qui pointent hardiment en arrière, encadrées par les larges papillons blancs des jeunes paysannes.

Saint-Lunaire et Saint-Briac. — En poursuivant la longue route qui relie Dinard à Saint-Énogat et que marque sur la côte une tour-signal dont la face blanchie à la chaux regarde la mer, on arrive, une lieue plus loin, à Saint-Lunaire, puis, à 7 kilomètres de Dinard, à Saint-Briac.

Saint-Lunaire est déjà d'aspect plus campagnard que les précédentes stations, quoique encore avec des villas élégantes sur le bord de la mer où s'étale un village tout flambant neuf largement à l'aise et percé de boulevards plantés d'arbres. Entre la mer et l'ancien bourg, une église neuve, de style ogival, remplace la vieille abandonnée au lourd toit surmonté d'un clocher rustique, dans laquelle repose saint Lunaire en son cercueil de granit, au milieu d'un cimetière également délaissé que rappellent, seules,

SAINT-LUNAIRE. — Vue prise au-dessous de son grand Hôtel-Casino.

une croix et une pierre tombale. Une gardienne vous ouvrira la porte du vieux sanctuaire du XVe siècle, où vous verrez l'auge de saint Lunaire et les statues des seigneurs de Pontual.

SAINT-BRIAC. — Vue prise de l'embouchure du Frémur.

Saint-Lunaire, vieux-neuf, — agréablement avoisiné des beaux bois de Pontual et du parc de l'ancien château, — possède deux plages séparées par les rochers du Décollé, crevassés, *décollés* par une crevasse, percés de grottes que surmontent une croix de granit et le sémaphore.

Saint-Briac, cette fois, est tout à fait villageois; encore son église de style roman est-elle neuve, mais accolée à un joli clocher de granit à deux étages, du XVIIe siècle; sur les murs de l'abside surnagent trois maquereaux encastrés, sculptures provenant de l'ancien édifice fondé grâce aux offrandes des pêcheurs. Le village s'élève sur la rive droite et au-dessus de l'embouchure du Frémur, qui sépare le département d'Ille-et-Vilaine des Côtes-du-Nord et se jette dans la Manche en vue de la tour des Ébihens, sur les récifs de l'île Ago. C'est un petit échouage sûr contre les écueils qui hérissent cette côte très accidentée; du sommet de la Garde-Guérin, le point le plus élevé entre la Rance et l'Arguenon qui forme la baie voisine du Guildo, on découvre de charmantes petites anses déchiquetées sur le rivage, la pointe de Lancieux, Saint-Jacut et Saint-Cast; le sommet du monticule est occupé par un ancien poste télégraphique aujourd'hui simple bicoque.

Saint-Briac possède plusieurs plages, celle de la Chapelle, celle de Fausse-Mort et de nombreuses criques que domine le sentier des douaniers suivant les découpures de la côte jusqu'au Décollé de Saint-Lunaire : le Petit-Port, la Salinette, la Garde-du-Perron, le Port-ès-Caniques, la belle grève de Port-Hué au-dessus de laquelle s'élève le Grand hôtel des Panoramas, qui verra bientôt se grouper autour de lui un nouveau Saint-Briac et que domine à l'est la Garde-Guérin. Une vaste étendue de dunes traversées journellement par les membres du Globe-Club qui ont établi entre Saint-Briac et Saint-Lunaire le quartier-général de leur sport, attend, en effet, les acheteurs et les bâtisseurs de « villas de la mer ». Toute la côte, de la Rance au Frémur, ne sera bientôt plus qu'un boulevard peuplé de chalets, de maisons de plaisance et de grands hôtels en façade sur la Manche.

Saint-Jacut-de-la-Mer et le Guildo. — On va de Saint-Briac à Saint-Jacut par bateau de pêcheur en traversant le Frémur, ou par la belle route qui passe à Ploubalay, dont le clocher domine la région ; si l'air vif vous a ouvert l'appétit et si c'est jour de marché, achetez-y un « cimerot » de Pleurtuit, sorte de biscuit de mer de première farine, piquez une saucisse chaude dans la poêle en plein vent et, ainsi lesté, vous gagnerez Saint-Jacut en contournant sa jolie baie. Les maisons du village, rangées parallèlement, montrent sur la grande rue qui le traverse, leur haut mur à pignon, triste, sans une fenêtre, toutes les façades donnant sur des cours de fermes. Un kilomètre au delà, la plage de sable fin, encaissée dans des roches qui forment autant de cabines naturelles, appartient pour ainsi dire aux dames du couvent, dont les vastes bâtiments la confisquent et la masquent; n'oubliez pas que vous êtes entré dans les Côtes-du-Nord, « bien plus dévotieuses », disent les gens du pays, que l'Ille-et-Vilaine. Tout y est mis sous un saint patronage, même la fondation des hôtels de baigneurs. Quand vous aurez contourné les murs d'enclos des dépendances reli-

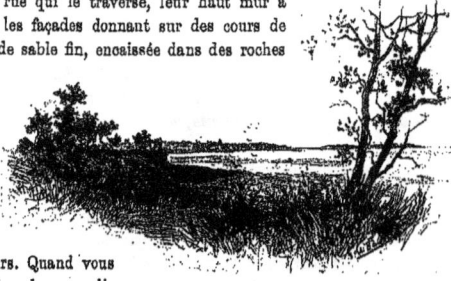

La baie de Saint-Jacut.

gieuses, la petite grève des Ébihens vous apparaîtra en face, à deux kilomètres en mer, au-dessous de la tour — poste de douaniers — qui surmonte l'île hérissée de rochers sauvages.

La pointe de Saint-Jacut est formée et environnée de dunes molles baignées à chaque marée, que l'on est tout surpris de retrouver en Bretagne ; sans le chaos pittoresque des roches d'alentour, elles rappelleraient la Normandie. L'étroite presqu'île est resserrée entre la baie de Lancieux — au fond de laquelle est Trégon — et la baie du Guildo, où vient se jeter l'Arguenon ; le petit port du Châtelet est à 600 mètres du bourg. Sur son sol aride, Saint-Jacut-de-la-Mer

Le port du Guildo, sur l'Arguenon.

Les ruines du château.

est pauvre, uniquement habité par des pêcheurs ou, pour mieux dire, par des femmes de pêcheurs, car les hommes sont loin durant huit mois de l'année ! L'exploitation des bains de mer ne laisse à recueillir aux habitants que le trop-plein du grand couvent de la plage.

Quittant Saint-Jacut pour gagner le Guildo, dont le clocher pointe au fond de la baie, au delà de l'Arguenon, le petit havre de pêcheurs groupe en arrière le curieux et monotone amas de ses mai-

A l'Ile-Saint-Cast.

sons rangées que dominent deux moulins de la côte, et l'on arrive bientôt aux ruines d'un caractère étonnamment grandiose de l'antique château démantelé par Richelieu. Avant de franchir la rivière, en contre-bas sur son bord et en avant d'un élégant pont suspendu, apparaissent enveloppés de lierre et de mousse, cachés dans un nid d'arbres et de verdure, les restes pittoresques de la vieille forteresse qui abrita plus d'un seigneur breton insurgé.

C'est sur ce rocher baigné par la marée haute, sur les débris de ces remparts solitaires, dans le dédale sombre de ces tours éventrées que, — suivant la légende colportée par les joueurs de biniou et les ténors de l'opéra *Gilles de Bretagne,* — glisse chaque soir, au chant nocturne des chouettes et des hiboux, l'ombre blanche et gracieuse de Françoise de Dinan, la jeune femme du prince Gilles de Bretagne, qui fut longtemps prisonnier au Guildo et mourut plus tard, encore en captivité, de désespoir et de faim. Des sceptiques racontent que le château, ouvert à tous les vents, envahi par la végétation, compte surtout des lapins pour hôtes habituels. Traversant le pont de fer et longeant la baie du Guildo, on arrive, par une belle route plantée d'arbres, entre de riches vergers de pommiers, au chemin de la Garde-Saint-Cast, à Saint-Cast, à Lesrost, enfin à la pointe de la presqu'île, à l'Ile-Saint-Cast.

Saint-Cast et la baie de la Fresnaye. — Saint-Cast, qui occupe le centre de la région, est à deux kilomètres est de la baie de la Fresnaye, longue de près de deux lieues, et à l'ouest de laquelle s'avancent

4

hardiment en mer le fort de la Latte et, au delà, le phare du cap Fréhel. L'église de Saint-Cast, de forme barlongue, est fort originale ; tous les peintres l'ont prise d'assaut pour sa rusticité : elle est désormais célèbre. Une haute colonne de granit, surmontée d'un groupe en fonte représentant le léopard britannique terrassé par un lévrier breton, rappelle la victoire des Français sur les Anglais, en 1758, et indique tout de suite l'emplacement de la plage située dans le voisinage de *Lesrost*, entre *Saint-Cast* proprement dit et l'*Ile-Saint-Cast*,

La baie de Saint-Cast.

qui ferme le promontoire au pied du sémaphore. Sur cette grève, où l'on se baigne pacifiquement aujourd'hui, les braves Bretons lardèrent à coups de baïonnettes les Anglais dont la flotte stationnait dans le petit golfe. De là, on jouit d'une vue très étendue sur les côtes que nous venons de parcourir, sur la petite pointe du Bay, qui divise en deux la baie de l'Arguenon et sur la nouvelle plage, voisine de la *Garde-Saint-Cast,* entourée de dunes reliées à la grande route et aux collines plantureuses par de ravissants chemins creux pleins d'ombre.

Le petit port de Saint-Cast possède quelques barques de cabotage et joint à son industrie maritime celle des pierres plates, dites pierres de Saint-Cast, mises à contribution pour peupler de villas et d'hôtels ce charmant et pittoresque pays de plus en plus fréquenté. Tous les Saint-Cast et le bourg de Lesrost ne sont peuplés que de femmes de pêcheurs qui remplacent dans les travaux quotidiens les hommes partis à Saint-Pierre faire la saison des grandes pêches. Le métier pour le marin

Port-à-la-Duc.

est dur et de moins en moins productif; souvent le morutier revient n'ayant gagné que sa vie là-bas, sans avoir pu mettre rien de côté pour la maison. Pendant l'expédition, la femme travaille aux champs et à l'élevage des bestiaux : sa vie non plus n'est pas douce, et le touriste est le bienvenu quand il apporte, durant les courts beaux jours, quelque soulagement à la pauvresse chargée de famille et un peu de distraction à la mélancolie de l'attente. Cela aide à « espérer » le retour; mais chaque année — hélas! — fait de nouvelles veuves et des orphelins!

Le cap Fréhel. — Au fond de la baie de la Fresnaye, que l'on découvre de l'Ile-Saint-Cast, sur un autre Frémur s'abrite *Port-à-la-Duc*, dans le voisinage duquel on fait l'excursion des pittoresques

La baie de la Fresnaye.

« Moulins de la Mer »; puis, laissant à gauche la route de Pléneuf, on contourne le petit golfe et l'on se dirige par Plévenon vers les landes de Fréhel.

Le cap est séparé par l'Anse des Sévignés que troue le Toul-an-Ifern (Trou de l'Enfer) du *Fort de la Latte*, ancien château fort de Roche-Goyon, bâti en blocs de granit, situé à cinquante mètres au-dessus de la mer et qui occupe la pointe nord-ouest de la baie de la Fresnaye ; il est détaché de la terre ferme par des précipices profonds de cent mètres, franchis par deux ponts vertigineux au-dessous desquels bondissent et grondent les flots déchaînés. Près de l'une des tours de la forteresse désertée se voit

Le cap Fréhel et le Fort de la Latte.

une statuette de saint Hubert où se rendent, dit-on, instinctivement les chiens enragés *du département* : ce qui donne à réfléchir sur l'attrait de l'excursion.

De l'autre côté de l'Anse des Sévignés, dont l'aspect sauvage est des plus impressionnants, le Cap, coupé brusquement à pic, limite à l'ouest l'immense baie de Saint-Malo et domine une longue étendue de côtes parsemées d'îlots et de récifs aux formes fantastiques. Son nouveau phare, dont la lanterne est à soixante-dix-neuf mètres d'altitude, porte à dix lieues au large, c'est dire le panorama que l'on découvre de ce sommet, depuis la pointe du Grouin, en avant de Cancale, jusqu'à l'île Bréhat au delà de Paimpol.

Pendant la belle saison et par le beau temps, on vient en bateau de Saint-Malo et de Dinard au Cap. Le spectacle qu'il présente est, en effet, des plus grandioses, offrant ses robustes flancs aux assauts de l'Océan qui le terrasse sans relâche, le creuse et l'émiette furieusement en débris amoncelés à sa base. La vague à l'écume rageuse, sans cesse renouvelée, se rue sur le monstre noir et retombe épuisée en mugissant ; d'innombrables oiseaux de mer voltigent au-dessus du chaos, assistant joyeux à cette œuvre de mort.

Du cap Fréhel, on revient à Port-à-la-Duc et à Saint-Cast d'où l'on se rend à Lamballe, à six lieues et demie dans les terres, en passant par Matignon. La route traverse un verdoyant pays, des bouquets de bois, des champs bien cultivés, passe par le bourg de Henan-Bihen, laisse au loin à droite le clocher de Henansal et débouche à Lamballe par le faubourg Saint-Sauveur.

On peut aussi, en suivant la côte et traversant Plurien, qui n'est qu'à onze kilomètres de Port-à-la-Duc, gagner, neuf kilomètres plus loin, Erquy d'où l'on entre dans l'admirable baie de Saint-Brieuc.

La Baie de Saint-Brieuc. — D'ERQUY A LAMBALLE. — L'immense baie sablonneuse s'étend des carrières d'Erquy aux roches de Saint-Quay, laissant à découvert une longue suite de grèves dont la petite anse d'Yffiniac et le Légué — le port de Saint-Brieuc — occupent le fond. On y a trouvé des traces nombreuses de forêts submergées, témoignage des victoires de la mer sur ce point du littoral. Erquy s'abrite, au fond d'une rade arrondie, bordée de dunes basses et meublée de cabines de baigneurs qu'encadrent des villas. A 68 mètres d'altitude éclate un blanc sémaphore, assis sur un amoncellement de roches horizontales, d'où la vue s'étend au loin, bornée à l'est par le cap Fréhel, au delà de deux moulins qui dominent la grève et la chapelle Saint-Michel. Au pied de hautes falaises et des rochers du village de *Tu es Roc*, le port, protégé par deux forts, de la Bouche et du Petit-Fort, ouvre la plage d'Erquy, fermée à gauche par trois mamelons rocheux, le Boulet, le Cormoran, le Châtelet,

ERQUY. — Le Sémaphore.

qui la séparent de la grève de Caroual ; tout le long du petit quai, s'étalent des carrés de grès rose, extraits des falaises destinées à finir sur place, non plus dans les batailles gigantesques que livre l'océan, mais en prosaïques pavés sous la pioche d'un pauvre carrier.

Erquy possède une église du XIVᵉ siècle et une chapelle gothique moderne ; on y a découvert de

.nombreuses substructions gallo-romaines et, dans la lande de la Garenne, les restes d'un camp, appelé Camp de César, voisin de la curieuse grotte de l'Ermitage. Un service de voitures relie Erquy à Lamballe, passant par Pléneuf. On contourne la magnifique grève de Caroual, derrière laquelle se trouve le val de Cavée.

Les carrières d'Erquy.

Le port d'Erquy.

Puis viennent la baie de Nantois et les rochers de l'île du Verdelet qui s'avancent à 700 mètres environ de la côte et limitent la large grève du *Val André*. Longeant le parc du château de Bien-Assis, entouré de hautes futaies, nous découvrons au delà de vastes plants d'ajoncs qui reposent le sol et nourrissent des moutons, les toits rouges du Val-André à côté de la Ville-Pichard. Dans les terres, voici *Pléneuf,* que domine une belle église neuve de style roman, remplaçant la vieille église aux deux cloches encadrées sous un auvent.

Pléneuf, situé à 1,500 mètres de la mer, sert de résidence aux baigneurs modestes du Val-André, qui groupe ses villas à droite de la baie, près des Verdelets, champs d'exploration à l'heure des mers basses et d'où l'on découvre au loin toutes les côtes depuis la pointe de l'Arcouët, au delà de Paimpol, jusqu'au Légué. Le sable de la plage, d'un gris jaune, est solide sous le pied, sans un caillou, mais aussi sans coquillages ; dans les roches voisines, on trouve en grand nombre des moules, des coques et des

Le Val-André et les Verdelets.

collants ; sur les dunes, qui forment une sorte de digue-terrasse, s'élève un petit casino ; le grand hôtel de l'endroit est un monumental couvent, succursale de celui de Saint-Quay, relevant du Sacré-Cœur de Jésus et de Marie. Au fronton de l'établissement, la Vierge couvre de son attitude protectrice l'exploitation des bonnes sœurs ; les hôtels « patentés » du voisinage ne sauraient nier qu'il est avec le ciel des accommodements, et qu'à défaut des biens de la terre on peut au moins s'offrir les biens de la mer.

Après avoir traversé Pléneuf, nous arrivons, deux kilomètres plus loin, au petit havre de *Dahouet* abrité par de hautes falaises, à l'issue d'une riche vallée ; l'entrée du port, ouvert sur la baie par la

5

passe Gourio, est dominée par une statue de Notre-Dame de la Garde ; en avant, se dresse la bouée fixe rouge et blanche de la Petite-Muette, dangereux écueil, et, de tous côtés, s'entassent des chaos de roches, s'ouvrent des précipices ; au tournant de la falaise, vers la droite, surgit tout d'un coup la jolie baie de Val-André.

La voiture publique traverse Saint-Alban pour gagner Lamballe ; une grande croix nous indique la route de Saint-Brieuc, et, passé le hameau de la Volée, on voit à l'horizon, sur la droite, *Moncontour*. C'est au-dessus de ce village que s'élève l'observatoire de Bel-Air, à 340 mètres de hauteur, à peu de distance du bourg de *Collinée*, placé à la source des deux rivières précédemment rencontrées : l'Arguenon et la Rance, — et où naquit Simon de Collinée, l'inventeur de l'*italique,* ce qui n'est pas sans intérêt pour le lecteur !

Plus près, voici Lamballe au-dessous de nous. La grande ligne de Brest, qu'ici nous retrouvons, a, depuis Rennes, passé par la bifurcation de la Brohinière d'où l'on peut rattraper — par Ploërmel, qu'a rendu célèbre *le Pardon...* de Meyerbeer — la ligne de Redon, Vannes et Lorient.

Lamballe. — Lamballe, point terminus de la ligne normande-bretonne de Lison qui dessert Saint-Lô, Coutances, Avranches, Dol et Dinan, est une petite ville, chef-lieu de canton, des plus pittoresques, située au pied et sur le revers d'une colline que couronne majestueusement l'église Notre-Dame ; le quartier bas se baigne dans les eaux du Gouëssant qui courent entre les grands arbres.

Sur un rocher à pic, Notre-Dame du XIIIe siècle, restaurée en 1877, présente encore l'aspect militaire et féodal du château-fort démantelé par Richelieu : sa grosse tour carrée terminée en plate-forme, ses tourelles en pointe, ses robustes contreforts et ses murs crénelés ont gardé à l'église le caractère

L'ÉGLISE DE LAMBALLE VUE DE LA BASSE VILLE.

imposant de l'ancienne forteresse dont elle ne fut que la chapelle. Cet abord redoutable n'éloigne point les fidèles que de jolies routes bien ombragées amènent de la basse ville sur une belle place dominant le faubourg Saint-Martin, en face d'un joli portail latéral s'arrondissant dans le plein cintre.

Le pieux édifice comprend une triple nef, un transept et un chœur élégant de trois travées, laissant voir de jolis faisceaux de colonnettes; un des bas-côtés est fermé par une très curieuse porte en bois sculpté, ornée de statuettes et que surmonte un ancien buffet d'orgues avec escalier.

A Lamballe.

En sortant par le portail de la grande nef, on découvre, au milieu d'une riche campagne, la vallée profonde, les fossés et les remparts plantés de beaux arbres et une partie de la ville dont les jardins s'étagent au pied des murs crénelés de Notre-Dame. Descendons la pente rapide qui conduit à l'église Saint-Jean dont la tour à balustrade et clochetons se montre au-dessus de la place de la Croix-aux-Fèves, au bout de la vieille rue Dufour; une des maisons de cette curieuse petite rue porte le numéro 576! Tout à côté, et dans tout le quartier qui avoisine la place du Marché, se montrent les façades en surplomb, les toits à épis, les rez-de-chaussées aux portes cintrées, les cours sombres du Lamballe de jadis. Dans le faubourg Saint-Martin, derrière le grand établis-

LAMBALLE. — Le porche de Saint-Martin.

sement des Haras, se détache sur le ciel un clocher octogonal revêtu d'ardoises et terminé par une flèche en zinc : c'est un ancien prieuré fondé au xi° siècle, l'église Saint-Martin humble et délabrée, qui offre au crayon de l'artiste un très curieux porche du xvi° siècle, dont la toiture en auvent est soutenue par des poutres sculptées. L'intérieur, mi-ogival et mi-roman, tout blanchi à la chaux, est d'une grande simplicité ; on n'y remarque que le baptistère en forme de petite locomotive. Reprenons le train.

SAINT-BRIEUC. — Notre-Dame d'Espérance
et les bonnets de la région.

SAINT-BRIEUC

La grande ligne de Bretagne nous amène à Saint-Brieuc, à cinq lieues de Lamballe, après nous avoir laissé contempler la jolie baie de Saint-Brieuc au delà de l'anse d'Yffiniac et aussitôt après avoir franchi le ruisseau du Gouëdic sur un viaduc haut de quarante mètres.

Saint-Brieuc, dévot chef-lieu des « dévotieuses » Côtes-du-Nord, est une préfecture de près de 20,000 habitants, élevée de 88 mètres au-dessus de la mer qui n'est qu'à 2,500 mètres de distance. La ville est très étendue, ses rues

SAINT-BRIEUC. — SUR LA PLACE DU MARCHÉ.

sont larges, ses places nombreuses ; elle doit à l'absence
d'orientation de ses voies ainsi
qu'aux coiffures variées qui s'y
donnent rendez-vous, le caractère pittoresque qu'on y trouve
encore les jours de foire et de
marché ; les autres jours, ses
nombreuses églises ou chapelles et ses rues silencieuses où
se croisent prêtres ensoutanés
et coiffes blanches aux larges

brides qui flottent, lui donnent un indéniable aspect religieux. Sur la petite place de la Préfecture, bien que la ville
soit grande, sont rassemblés, serrés l'un contre l'autre : la
Préfecture, la Caisse d'épargne, la Cathédrale, l'Hôtel de
Ville, l'Evêché, et... un marchand de pierres funèbres; au
centre, se dresse la statue de Poulain Corbion « mort le
5 brumaire an VIII, victime de son devoir et de sa foi
républicaine », érigée devant la demeure de l'évêque

SAINT-BRIEUC.

—

Vieilles maisons.

qui écrivait à son voisin d'en face la lettre suivante visant un Breton illustre :

« *Saint-Brieuc, le 12 septembre 1891,*

« Monsieur le maire,

« J'apprends, par la voie des journaux, que la délibération du conseil municipal de Saint-Brieuc, donnant à une de nos rues le nom de rue *Renan,* vient d'être approuvée par un décret du président de la République. Après la conversation que j'avais eue avec vous et à la suite d'un entretien avec M. le préfet, je m'étais bercé de l'espoir qu'il ne serait pas donné de suite à un projet qui causait déjà une juste et douloureuse émotion. Trompé dans mon attente, j'ai le devoir, monsieur le maire, de me faire l'interprète des sentiments de profonde affliction de tous les cœurs chrétiens, qui souffrent, avec leur évêque, de l'offense faite à leur foi.

« Agréez, monsieur le maire, l'expression de mes regrets.

« PIERRE-MARIE,
« Évêque de Saint-Brieuc et de Tréguier. »

6

Entrons dans la cathédrale Saint-Etienne, en partie refaite au xviiie siècle et qui présente une forme peu commune avec ses deux tours basses, surmontées de toits en pointe; elle renferme un bel autel en chêne sculpté, de nombreux tombeaux, une chapelle tendue de noir où repose le dernier évêque de Tréguier et de Saint-Brieuc.

L'église Saint-Michel, moderne, est pittoresquement située près du cimetière, d'où l'on a une bien jolie vue sur la baie, sur la vieille tour de Cesson, enfouie dans un bouquet d'arbres,

SAINT-BRIEUC. — La Cathédrale et l'Hôtel de Ville.

et sur toute la campagne environnante. Une chapelle de pèlerinage, Notre-Dame d'Espérance, terminée en 1876 dans le style du xiiie siècle, est curieuse à visiter : sur les marches qui la précèdent se dresse un calvaire de granit sculpté par Poileux ; à l'intérieur, assombri par les fenêtres étroites, se voit une chaire avec grands personnages en bois en face d'un saint Pierre, en bronze, assis dans un fauteuil élevé. Un autre édifice religieux, l'ancien oratoire de Notre-Dame de la Fontaine, montre encore la fontaine qui ornait le chevet.

Chemin faisant, on rencontre de pittoresques façades en bois ornées de sculptures curieuses, et dans la rue Fardel entre autres, — tout entière à voir, — une maison de 1572, joli spécimen de la Renaissance

connu sous le nom d'Hôtel des
ducs de Bretagne. La Préfecture est avoisinée d'un très
beau parc qui s'anime étonnamment les jours de foire et
de grands marchés. Alors le
Champ-de-Mars, la place du
Marché-au-Blé, — où a été
récemment construit le théâtre,
— le boulevard d'Angoulême
et le boulevard Duguesclin ne
suffisent pas à contenir la foule
qui déborde jusque dans les
allées du parc : les petits
bonnets de coquettes aux
brides nouées sur l'oreille,
les ailes de mouettes, les
anciennes coiffures aux
immenses boucles qui s'ar-
rondissent de chaque côté

SAINT-BRIEUC. — La place du Goust.

de la tête ou s'aplatissent dessus à l'italienne, les innombrables chapeaux ronds, à rubans et à boucles d'acier brillant des hommes en veste courte, y forment un ensemble digne de tenter le crayon de l'artiste.

La foire principale de Saint-Brieuc est celle de septembre, dite Foire Fontaine, qui remonte au xve siècle; bien qu'elle soit, dit-on, moins « marchande » que jadis, on y voit encore affluer par toutes les routes d'alentour une foule énorme amenant au comice vaches, taureaux et cochons, sous les grands arbres du parc. C'est à Saint-Brieuc que l'on nous a montré, pour la première fois, les poules de mer, plates comme des limandes, mais à grosse tête et qui ont au milieu du corps, apparent comme une truffe sur le dos d'une poularde, *le doigt de saint Pierre.*

SAINT-BRIEUC. — Sur la route du Légué.
À la porte du Trésorier des Invalides de la Marine.

Le port du Légué et les plages. — De la place du Gouët partent incessamment, aux beaux jours, de petites voitures pour le Légué, le premier port du département, qui comprend deux bassins et des chantiers de constructions; les trois plages qu'il offre aux baigneurs, à proximité d'une grande

Le port du Légué. — Un grenier à sel.

ville bien pourvue de tout, sont très fréquentées. La route, qui contourne la vallée du Gouët, descend en pente raide de Saint-Brieuc jusqu'au phare du Légué, à 3 kilomètres, en longeant d'abord la rive droite au-dessus de laquelle s'accrochent des champs cultivés à pic ; on domine la vallée délicieusement encaissée dans des collines qui suivent les sinuosités de la rivière, animée par les blanchisseuses dont le linge étoile la verdure des côteaux de larges taches blanches. Puis, on traverse le pont pour gagner les plages par les quais de la rive gauche, peuplés de curieux greniers à sel et de maisons aux enseignes mi-françaises et mi-anglaises : *english spoken ;* on y correspond avec l'Angleterre. Un service de vapeurs conduit deux fois par semaine à Jersey, et des bateaux marchands font le trajet de Cherbourg et du Havre.

Au bout de la belle route du Légué se dessine la tour — ou plutôt la demi-tour — de Cesson qui domine la baie et que précède un château moderne à tourelles dont le parc en pente sur le port est entouré d'un haut mur crénelé. Au pied de ce château s'ouvre le tunnel où pénètre la ligne marchande de Saint-Brieuc au Légué, embranchée sur la grande ligne, près du viaduc à sept arches du Gouëdic.

Nous voilà au fond de la magnifique baie de Saint-Brieuc, dont nous connaissons une des rives, et qui ouvre largement sur la pleine mer ; c'est un régal de pouvoir ainsi, partant d'une grande ville qui ne laisse même pas soupçonner le voisinage de la mer, arriver sur des plages aussi agréables, au centre d'un golfe qui se développe merveilleusement à gauche et à droite, invitant de part et d'autre aux excursions. Du phare, nous reconnaissons à l'extrémité de droite la déchirure des carrières d'Erquy, les toits rouges du Val-André au ras de l'eau, les maisons blanches du Dahouët ; plus près, en face, les maisons d'Hillion ; derrière la tour de Cesson, au delà du sable désert, le blanc clocher d'Yffiniac et à sa droite le clocher pointu de la colonie pénitentiaire de Saint-Ilan ; en avant, sur sa pointe verdie, le demi-donjon de Cesson nous regarde par les yeux de ses deux fenêtres en lucarne.

Sur la rive gauche de la baie que nous irons explorer, la pointe du sémaphore limite

Le Viaduc du Gouëdic et la grande plage du Légué.

au loin les trois plages de Saint-Brieuc : l'Anse de Saint-Laurent, l'Anse aux Moines et l'Anse de la Vierge, où l'on peut se rendre par les grèves ou par la colline. Les baies arrondies vont en augmentant d'étendue à mesure que l'on s'éloigne du phare pour aller vers le sémaphore; entre les roches équarries par les vagues qui les battent au plein s'abritent les cabines des baigneurs, et au fond des trois plages s'étend une digue grisâtre comme les roches, crénelée par les ouvertures des escaliers rustiques qui descendent à la mer.

A la marée, c'est un spectacle curieux de voir les femmes du Légué, équipées pour la pêche, traverser l'entrée du port en file indienne, de l'eau jusqu'aux cuisses, pour gagner les grandes grèves de l'est, où les troupes serrées des mouettes blanches, goëlands et « cagnards » viennent s'abattre sur le sable semé de coquillages, en faisant entendre leurs cris plaintifs. Au-dessus, les ruines de Cesson sont un observatoire merveilleux : la mine, plus bienveillante que le roi Henri IV qui avait ordonné la démolition de la forteresse, a laissé debout la moitié de la tour, qui aujourd'hui sert de point de repère aux pilotes.

Dans une excursion de deux journées, on peut de Saint-Brieuc, par la côte pittoresque et variée qu'il nous reste à parcourir, se rendre à Paimpol après avoir visité toutes les petites stations de la Baie, puis revenir par l'intérieur du pays en passant à Lanvollon, — ou inversement ; — mais, avant d'entreprendre ce charmant voyage par courriers, allons rendre visite à Guingamp, la voisine, qui peut, d'ailleurs, être choisie comme centre d'excursions.

Guingamp. — Guingamp n'est qu'à 30 kilomètres de Saint-Brieuc, sur la grande ligne de Paris à Brest. La voie s'élève au-dessus de la vallée du Gouët qu'elle franchit sur le beau viaduc de la Méaugon, et, après Plouvara-Plerneuf, traverse le Leff avant d'atteindre Châtelaudren dans sa vallée ; un grand bois de petits arbres, tous poussés au même niveau, nous amène à Guingamp, qui s'étale coquettement au centre de la riche vallée du Trieux, entourée de petites montagnes. Des bords de la rivière, la ville

LA TOUR DE CESSON ET LES PÊCHEUSES DU LÉGUÉ.

apparaît dominée, par Notre-Dame de Bon-Secours, dont la flèche s'élève à 60 mètres de hauteur, entre deux tours carrées encadrant sur la façade ouest de l'église son admirable portail de la Renaissance. Le côté nord de l'édifice — du XIII° au XVI° siècle — est percé de deux belles portes avec porches dont l'un, sorte de chapelle ardente donnant sur la grande rue, renferme la statue de Notre-Dame de Bon-Secours, objet de pèlerinages. Au pardon, qui a lieu la veille du premier dimanche de juillet et à la fête de Saint-Loup, dans les premiers jours de septembre, la Madone, habillée somptueusement, reçoit les hommages des pèlerins sous son porche éclairé de mille cierges, et se rend en procession sur la place de la ville brillamment illuminée, où s'allument des feux de joie. Le soir, commencent au son du biniou les danses nationales, les rondes, les gavottes et la *dérobée*, fort en honneur dans la contrée: les jolies filles aux bonnets blancs qui encadrent la chevelure et aux châles multicolores épinglés sous la nuque *se dérobent,*

Porte occidentale de l'église de Guingamp.

GUINGAMP VU DES BORDS DE LA RIVIÈRE.

changeant de cavaliers d'un bout à l'autre de la longue chaîne mouvementée et gracieuse des danseurs.

Sur la pittoresque place du centre se voit la Pompe, fontaine sculptée à trois vasques, que surmonte une statue de la Vierge, au-dessous de laquelle nymphes et chevaux marins lancent l'eau bienfaisante et consacrée ; dans la partie basse de la ville, on trouve encore les restes du château.

C'est dans le voisinage de Guingamp, avant Belle-Isle-Bégard, la station suivante, sur les collines de Ménez-Bré d'où l'on aperçoit Tréguier, le Goëlo et la mer, que le barde Quellien, l'érudit compatriote de M. Renan, place le monument qui doit rappeler le souvenir de la petite Perrinaïc, une compagne de Jeanne d'Arc! De Guingamp on peut se rendre à Tréguier par Pontrieux, à Lanvollon par Goudelin, à Paimpol par Kerfot ; mais revenus à Saint-Brieuc, nous suivrons la Baie pour faire ce joli voyage.

La place de Guingamp.

De Saint-Brieuc à Paimpol par l'intérieur et par la côte. — Un service public de voitures relie Saint-Brieuc à Paimpol, soit par Lanvollon, route de l'intérieur, soit par Binic, Étables, Portrieux, Saint-Quay, route des côtes. On laisse le Légué à droite et, franchissant le Gouët, on en remonte la rive gauche : la route se bifurque à 4 kilomètres du point de départ, avec une vue ravissante sur la vallée.

Le port de Binic.

PAR LANVOLLON, avant d'arriver au hameau du Sépulcre, se montre au loin sur la droite la pointe effilée du clocher de Pordic, puis l'on s'éloigne de la côte pour arriver à *Tréméloir* où, suivant le dicton du pays, « il n'y a qu'une chèvre et c'est M. le curé qui la trait » ; avant Trégomeur on découvre la baie de Binic. Après avoir longé un bois magnifique, on croise la route de Châtelaudren, près de Notre-Dame de la Cour ; à la Ribotée, au *Pauvre Diable*, sont en présence deux auberges qui s'ignorent, se dédaignent et marquent l'entrée en vraie Bretagne, la pure langue celtique allant désormais remplacer le patois des précédentes côtes. Poursuivons : à droite, le clocher en pierre de *Plouha* et bientôt devant nous *Lanvollon;* avant d'y arriver, dans le lointain à gauche, les monts d'Arrée, plus près, le haut clocher de Goudelin. Et l'on arrête à Lanvollon, en face l'église au clocher neuf, en passant devant une maison de bois ornée de piliers à beaux chapiteaux et de sculptures de la Renaissance.

Après avoir suivi une route tortueuse délicieusement encaissée dans de hauts talus, nouvel arrêt à *Pléhédel,* le long du mur du cimetière qui entoure l'église ; toujours neuf, un clocher de pierre à clochetons en beau granit blanc domine le bourg ; à gauche de la route, *Lanleff* avec son église qui rappelle celle du Saint-Sépulcre; et partout dans ces villages nous ne rencontrons que des enfants et des femmes travaillant aux champs, cassant même les pierres de la route : les hommes sont tous en mer. Après *Kerfot,* où l'on voit une curieuse et vieille église, on est à Paimpol.

La baie de Saint-Brieuc. DE PORDIC A PAIMPOL. — Par les plages, quittant Saint-Brieuc, la vieille patache emportant le courrier suit la côte hérissée de falaises depuis l'embouchure du Gouët jusqu'à la baie de Paimpol. Voici *Pordic,* dont l'élégant clocher à jour pointe hardiment à 3 kilomètres de la mer; *Binic,* à l'embouchure de l'Ic, qui forme un petit port de cabotage très profond; nous cahotons sur le quai pavé de galets, en vue du chantier de construction de navires. Dès le XVIIᵉ siècle, Binic armait pour la pêche de la morue ; tous ses habitants sont marins... comme sur toute la côte. A 3 kilomètres *Étables,* tout à fait campagnard et dont la grève surmontée d'une chapelle isolée est à 15 minutes du bourg, offre comme curiosité une vaste caverne dite la Houle Notre-Dame qui perce la falaise à 8 mètres au-dessus de la plage, à une hauteur aujourd'hui inaccessible à la mer, ce qui démontre que si elle a empiété sur l'autre rive de la baie, le sol a gagné, au contraire, sur le rivage que nous suivons.

A une demi-lieue plus loin est *Portrieux*, jolie et tranquille station balnéaire dépendant de la commune de Saint-Quay. D'un sentier profondément encaissé sur le bord des falaises, on découvre le petit port, — très profond, excellent refuge, — peuplé de maisons de tout âge, les villas et les hôtels condoyant les humbles habitations du bourg. Portrieux possède une longue jetée-promenade et trois grèves, auxquelles succèdent des petites anses pittoresques ; c'est dans sa rade que se réunissent les marins de la baie de Saint-Brieuc en partance pour Terre-Neuve. A côté de Portrieux, après la grève de la Comtesse, *Saint-Quay*, qui offre un couvent pour hôtel, est plus particulièrement fréquenté par des prêtres et des religieuses : nous sommes ici sur l'une des plages ultra-dévotes des Côtes-du-Nord. Des amas de rochers pittoresques, chaos étranges, séparent la Grande-Grève de la Grève-Noire dont l'échancrure est

fermée à l'ouest par une falaise à pic ; la grève des Fontaines, celle des Châtelets, de Saint-Marc et du Grand-Isnin, sont autant de plages joliment encadrées par les rocs que la mer vient ronger pour en faire des abris chers aux baigneurs. En face de la Pointe, surmontée d'un

Portrieux.

Saint-Quay.

sémaphore, se voient au large la petite île Harbour et la chaîne accidentée des roches de Saint-Quay ; derrière nous, s'avance au premier plan le cimetière, puis le couvent, en avant de l'église neuve, de style ogival et de belles proportions.

La route se poursuit agrémentée de nombreuses côtes... du nord que grimpent et descendent les infatigables coursiers de notre diligence, faisant défiler sous nos yeux attentifs : le hameau de *Kertugalle* aux maisons couvertes de chaume, et dont l'église est fort curieuse avec son dôme surmonté d'une lanterne ; le chemin encaissé dans les ajoncs qui conduit à *Tréveneuc*, dont le joli calvaire se cache derrière les grands chênes ; *Kérégalle,* où passe la ligne de démarcation entre le pays de France et la jalouse Armorique ; enfin, le château moderne de Pomorio. Au fond de la baie formée par la pointe du Bec-de-Vir et le petit cap de *Plouha,* s'abrite ce chef-lieu de canton, à 3 kilomètres de la mer, au point d'intersection de sept chemins ; au-dessus d'un gros bouquet d'arbres, le clocher laisse passer la lumière à travers sa haute lucarne. L'église, tout en granit, est neuve, très grande et d'un beau style ; à la voûte de la nef pend un navire pavoisé, et dehors grimacent de belles gargouilles, parmi lesquelles se fait remarquer un profane cochon.

Les
ruines de Beauport
et
la chapelle de Kermaria.

A 4 kilomètres plus avant dans les terres est la chapelle *Kermaria-an-Isquit*, ancien but de pèlerinage ; son joli porche du XIVᵉ siècle est surmonté d'une salle avec plate-forme, entourée d'une élégante balustrade de granit.

8

La chapelle renferme une curieuse peinture murale représentant une danse macabre d'une qua-rantaine de personnages.

Partout dans le pays, l'aubépine et le chèvrefeuille bordent les champs où le blé noir en gerbes dresse, comme dans un campement, ses petites tentes rougeâtres de sarrasin. Après le château à tourelles de *Lanloup* et le haut clocher-amer de *Plouézec*, Kérity annonce le voisinage de Paimpol, dont on découvre la baie semée d'écueils. C'est à *Kérity*, au clocher neuf, que l'on voit en passant les belles ruines de l'abbaye de Beauport, fondée en 1202 : la visite de l'ancien monastère étant jalou-sement refusée aux curieux.

Paimpol. — Paimpol est un modeste chef-lieu de canton de 3,000 âmes à peine, mais sa renommée est bien plus grande que sa superficie : ses marins vont la porter dans les pays lointains. La petite ville s'abrite tout au fond d'une baie peu profonde, parfaitement balisée, qui s'étend de la pointe de Plouézec à la pointe de l'Arcouet, voisine de l'île Bréhat. La rivière du Quinic y forme deux ports : l'un, extérieur, qui va de la pointe de Guilben à celle de Gren, l'autre, intérieur, qui s'étend de cette dernière pointe au bassin à flot dominé par une colonne de granit portant les statues de la Vierge et de Sainte-Anne.

Le long de la jetée se groupe un petit chantier de constructions de bateaux islandais ; on la tra-verse pour se rendre à la plage. A droite, derrière le cap avancé de Guilben, s'ouvre la petite anse de Beauport, qui s'arrondit jusqu'au sémaphore de Plouézec. Vers la gauche, sur la colline, un moulin fait tourner ses grands bras ; une route de 6 kilomètres relie Paimpol à la pointe extrême de l'Arcouet, en côtoyant la baie. On atteint à 3 kilomètres *Ploubazlanec,* commune plus peuplée que Paimpol et qui lui fournit des marins ; en juin, juillet et août, les habitants de Ploubazlanec quittent leur village et

Le bassin à flot et la baie
de Paimpol.

pêchent sur les côtes pour les armateurs de Paimpol, de Brest et d'ailleurs; ils vivent alors comme à bord de l'île de Sein, cet étrange vaisseau éternellement à l'ancre, que nous découvrirons de la pointe du Raz.

Entre les deux petits havres voisins de Ploubazlanec, *Loguivy* et *Pors-Even,* se trouve le hameau

UN VŒU A NOTRE-DAME DE PERROS.

de *Perros*, d'où nous avons rapporté le tableau pittoresque d'un vœu à la chapelle, trop petite pour contenir les fidèles [1]. Hommes et femmes sont restés en dehors, assis sous le porche, agenouillés dans l'herbe du cimetière, appuyés contre une croix, simple témoignage d'une perte cruelle, mais qui ne marque pas la place d'un corps..... hélas tombé dans les profondeurs de la mer !

La place de Paimpol à l'heure du facteur.

1. M. Moisan, photographe à Paimpol, possède sur son pittoresque pays une collection de vues exquises, faites en véritable artiste, et que nous sommes heureux de recommander aux touristes-amateurs.

Les larges quais de Paimpol sont bordés de maisons d'un aspect élégant ; de la place, vaste et voisine du port, — où se trouve l'hôtel Michel, une des curiosités de la ville, — on voit le clocher de la vieille église au fond de la longue rue centrale. L'église de Paimpol renferme un curieux buffet d'orgue que surmonte la statue peinte du Sauveur du monde entouré de deux anges, avec deux lampadaires de chaque côté ; un triptyque joliment sculpté, un beau chandelier pascal et un autel de la

Pors-Even.

Vierge en chêne complètent ses richesses intérieures. Le clocher flanqué de deux tourelles, dont une sert d'horloge, s'élève au-dessus du cimetière ombragé sous les grands hêtres.

Une ligne transversale du réseau breton en projet doit joindre Paimpol à Concarneau, mettant ainsi en relations deux ports des côtes nord et sud de la même région avec le centre de la Bretagne. Paimpol occupe un des premiers rangs pour la pêche de la morue à Terre-Neuve et sur les côtes d'Islande ; les hommes sont rares dans le pays, aussi croisons-nous dans les rues une femme qui, sous sa coiffe blanche en forme de coquille et ses vêtements noirs, — sinistre uniforme de ce pays des veuves, — fait l'office de facteur de la ville. Pour vous peindre ce curieux pays, nous ne saurions mieux faire que d'emprunter à notre ami Armand Dayot quelques lignes extraites des pages toutes vibrantes d'amour qu'il a consacrées à son cher Paimpol, où « il a grandi dans le calme des grèves et des rochers, en face de la vaste mer parsemée d'îles vertes et fertiles, hérissée d'innombrables écueils où se reposent et rêvent les noirs cormorans :

La baie de Paimpol, assez large, est bordée de hautes falaises que couvrent des bois de pins. Malheureusement ces bois s'éclaircissent de jour en jour sous la cognée de spéculateurs monstrueux qui les vendent aux Anglais pour en faire des poteaux de mines. Quand la mer est haute et calme, leurs masses sombres se reflètent dans les flots. La baie ressemble alors à un vaste lac, car elle est fermée à l'est par de véritables archipels en miniature et par des alignements de récifs très redoutés. La ville, faite de vieilles maisons grises aux toits d'ardoises, s'adosse à une colline boisée où poussent des chênes énormes et des frênes gigantesques. Le spectacle que le regard embrasse du haut de cette éminence est merveilleux. Au premier plan, une véritable avalanche de feuillages qui couvre de son ombre franche Paimpol assise au bord de la mer, au fond de sa baie tranquille. A droite : les grands bois

La plage de Loquivy.

de pins de Plourivo, coupés de vallées profondes et dont les dômes toujours verts ont de larges mouvements de vagues et sont pleins de chants tristes. Au delà de cet océan de verdure, sur une colline arrondie, veuve d'arbres, battue par les vents du large, le bourg de Plouézec dont le clocher svelte et ajouré guide au loin les navires. A gauche : la presqu'île de Ploubazlanec, toute bossuée de monticules couverts d'ajoncs et de pins minuscules, s'allonge en pointe vers le large, portant aux flancs de ses falaises plusieurs villages de pêcheurs, entre autres ceux de Loquivy et de Pors-Even;

Un intérieur à Pors-Even.

lieux inoubliables que Pierre Loti a si merveilleusement décrits dans son livre : *Pêcheur d'Islande,* et qu'ont illustrés à jamais les tristes amours de Gaud Mével, la belle blonde de Paimpol, et « les noces de Yann avec la mer » !

Partis des côtes bretonnes, les Paimpolais s'en vont

chaque année affronter les tourmentes des mers d'Islande, vivre de longs jours dans
la brume épaisse ou dans le *calme blanc* d'une tristesse si profonde « quand rien ne
bouge dans l'air, comme si toutes les brises étaient épuisées, finies... Alors le
ciel couvert d'un grand voile blanchâtre s'assombrit par le bas, vers l'horizon,
passant aux gris plombés, aux nuances ternes de l'étain. Et, là-dessous, les
eaux inertes jettent un éclat pâle, qui fatigue les yeux et qui donne froid...
éternel soir ou éternel matin, sous le regard de cette espèce de grand
œil spectral qui est le soleil. — Et jamais ils ne voient l'été de France !

« A la fin de chaque hiver ils reçoivent dans le port de Paimpol la bénédiction des
départs. Pour ce jour de fête, un reposoir, toujours le même, est construit sur le quai ;
il imite une grotte en rochers et, au milieu, parmi des trophées d'ancres, d'avirons et
de filets, trône douce et impassible la Vierge, patronne des marins, sortie pour eux de
son église, regardant toujours, de génération en génération, avec les mêmes yeux sans
vie, les heureux pour qui la saison sera bonne,... et les autres, ceux qui ne doivent pas
revenir. »

Et les goélettes disparaissent à l'horizon, laissant dans l'air
les échos des cantiques d'espérance, de l'*Ave maris stella*, ce chant
du départ des pêcheurs.

Arrivés à la pointe de la presqu'île, un petit détroit, large
de 1,700 mètres, nous sépare de l'île Bréhat, aux roches magni-

PAIMPOL. — Le reposoir des « Islandais »

9

fiques, séjour plein de grandeur et de poésie, où, « sous la tiède influence de courants sous-marins, les lauriers-roses, les myrtes, les figuiers, les ficoïdes... poussent en pleine terre comme dans les îles du golfe de Naples ou de l'archipel ionien... »

Le « cher Bréhat » de M. Renan, qui aime à rappeler combien il lui doit de doux souvenirs d'enfance, est une vigilante sentinelle avancée qui abrite la baie des assauts de la grande mer ; son phare protecteur, isolé sur le plateau des Héaux, éclaire le navigateur dans le passage redouté des archipels rocheux où le vent souffle parfois en terribles rafales.

Laissons Bréhat, et prenons la voiture publique qui nous conduira à Tréguier, par Lézardrieux.

De Paimpol à Tréguier, la route descend dans la large

PAIMPOL. — Un embarquement à sensation pour l'île Bréhat.

vallée du Trieux que traverse un pont élégant, jeté hardiment sur la rivière de Pontrieux : le tablier, long de 254 mètres, est suspendu à une hauteur qui laisse passer à pleines voiles des navires de 200 tonneaux. On pénètre dans la vallée du Jaudy et l'on entre à Tréguier par un autre pont suspendu.

Tréguier. — Nous voilà dans la patrie de M. Renan : Jérusalem, la juive, a vu grandir le fondateur de la religion chrétienne; Tréguier, la ville des évêques, a donné naissance à l'auteur de la *Vie de Jésus*, à celui de qui Gustave Geffroy, cet autre doux et passionné amant de la Bretagne, disait un jour qu'il « règne tranquillement, « en pape laïque », sur l'anarchie philosophique et les « opinions incertaines ».

Le pont de Lézardrieux.

La charmante ville, que l'on découvre tout entière de la rive droite du Jaudy, s'étage en amphithéâtre sur un promontoire,— l'ancien Trécor,— formé par le Jaudy et le Guindy, qui marient leurs eaux pour porter jusqu'à la mer le nom de Tréguier. La vieille cité dévote, enveloppée d'une belle campagne, avec les grands parcs de ses communautés, les bouquets d'arbres qui couronnent les hautes clôtures de ses couvents, sa place au mur bas que domine l'immense cathédrale, a gardé autour d'elle le « sourire de la nature », dans ses rues tranquilles et grimpantes le caractère archaïque, la physionomie d'un ancien évêché. L'admirable cathédrale, Saint-Tugdual, longue de 75 mètres et où l'on compte 68 fenêtres, est un édifice plein de grandeur ; elle fut terminée au xve siècle et offre toute l'élégance du style ogival rayonnant. Son clocher, percé d'une fenêtre grandiose au-dessus du porche sud, élève à 63 mètres de hauteur une flèche du xviiie siècle, étonnante de hardiesse ; deux autres tours surmontent le transept : on les découvre toutes les trois ensemble du cimetière d'où la vue s'étend aussi sur la rivière qui serpente au pied des collines. Le porche ouest est enrichi d'une magnifique fenêtre du xive siècle. A l'intérieur, la triple nef avec collatéraux et chapelles richement ornées, la grande Chapelle du duc Jean V inhumé en 1442, le nouveau tombeau de Saint-Yves élevé sur l'emplacement du mausolée du xve siècle, les 46 stalles de chêne du chœur, donnent à l'église un imposant et somptueux caractère. Entre le transept et le chœur, au pied de la tour Hastings, — ainsi nommée en souvenir des invasions normandes, — s'abrite un cloître du xve siècle aux nombreuses arcades ogivales, que nous trouvons malheureusement encombrées de meubles plus ou moins authentiques d'un marchand d'antiquités voisin !

Tréguier possède un séminaire et plusieurs couvents. La rue où est la maison du maire, et plus loin la Mairie elle-même, renferme quelques portes intéressantes à voir ; l'ancienne demeure de l'évêque, et son parc en terrasse sur le Guindy ; plusieurs maisons fort

pittoresques
sur le quai,
dans les rues
qui y abou-
tissent et dans
celles qui mon-
tent aux halles,
complètent les
curiosités de
l'antique cité.
Tréguier res-
pire l'aisance :

Tréguier vu de la rive droite du Jaudy.

on y repose tout doucement dans le calme savoureux du pays. Il y fait bon
vivre, nous dit son illustre enfant, M. Renan : « Mon grand-père, racon-
tait-il un jour, habitait à Tréguier, auprès du quai, en bas de la rue des
Bouchers, une maison qui n'a qu'une fenêtre. Je n'ai sur lui aucun ren-
seignement, sinon qu'il était fort honnête homme, qu'il vécut quatre-
vingts ans et fut vingt ans sans sortir de chez lui. Je vous assure qu'il ne

L'entrée de la ville, sur le quai.

s'ennuya jamais... » Perspective de longue et douce existence qui ravit l'aimable philosophe de Tréguier :

Je garderai jusqu'à la fin la foi, la certitude, l'illusion si l'on veut, que la vie est un fruit savoureux. Ceux qui la comparent à la rose de Jéricho, qu'on trouve, en la froissant, pleine de cendre, mettent leur propre faute sur le compte de la nature. Il ne fallait pas la froisser; une rose est faite pour être sentie, admirée, non pour être froissée...

Tréguier offre quelquefois le spectacle de grandes cérémonies religieuses. Nous y avons assisté, en touriste curieux de pittoresque, aux fêtes de Saint-Yves, à l'inauguration du nouveau tombeau érigé dans la cathédrale; ce jour-là, les hôtels regorgeaient de clients, et aussi les maisons particulières que les habitants louaient aux voyageurs venus par toutes les diligences des environs. Les prêtres, arrivant en foule des divers pays d'alentour, emplissent le séminaire qui déborde jusqu'en l'église, où plus d'un bon abbé passe la nuit dans les stalles du chœur; des yachts de plaisance amarrés dans le port sont autant d'hôtels pavoisés ouverts à des invités de l'aristocratie bretonne.

Dès le matin du grand jour, l'animation est extraordinaire; guirlandes de verdure, fleurs, décorations aux couleurs jaunes et noires de saint Yves Héloury, patron des avocats, — le seul avocat qui soit canonisé, — se montrent à toutes les fenêtres du quai, des principales rues et des places; des arcs de triomphe s'élèvent en plu-

La flèche de la cathédrale de Tréguier.

sieurs points du parcours que doit suivre la procession. Sur le quai, à l'entrée du quartier des pêcheurs, se dresse une porte symbolique faite des attributs de la pêche : bateaux, filets, ancres, voire même solides bottes de loups de mer. Dans tous les coins de la ville en fête, on vend des médailles commémoratives, la légende merveilleuse de Monseigneur Sainct-Yves, « ornement de son siècle, mironer des ecclésiastiques, advocat et père des ponvres veusves et orphelins, patron universel de la Bretaigne-Armorique » ; sur les oriflammes qui flottent on lit : *Sancte Yvo, ora pro nobis;*

> *Sanctus Yvo erat Brito*
> *Advocatus, sed non latro;*
> *Res miranda populo!*

irrévérencieuse affirmation à traduire... à la barre des plaideurs ; *Cœur de Jésus, sauvez la France!...* — et délivrez-nous de M. Renan, ajoutent les journaux pieux, — que nous avons conservés non moins pieusement, — et qui représentèrent sa maison natale enlevée par un diable aux horribles cornes fourchues !

Les trois clochers de Saint-Tugdual vus du cimetière.

Des mendiants invraisemblables, un peuple de bohémiens en guenilles grouille le long des chemins semés de fleurs : lépreux, nains, estropiés, amputés qui n'ont même plus une main à tendre et à qui

l'on jette l'aumône dans une sébille posée à terre devant eux...
gnomes dont la voix traîne, farfadets étranges auxquels il faudrait le burin de Callot. De tous côtés, c'est un lamentable concert de plaintes, chaque misérable psalmodiant sa misère. Chut ! Silence aux malheureux, voici les chants de gloire !

Au tournant de la rue apparaît le suisse au baudrier d'or, marchant triomphal à pas mesurés : le pauvre homme n'a plus sous les pieds les dalles de la cathédrale qui résonnent aux coups secs de sa canne de tambour-major ; il se rattrape en dandinant le panache de son tricorne, en lançant à gauche et à droite un regard qui humilie et fait rentrer dans le rang les culs-de-jatte par trop audacieux. C'est l'Église qui passe ! Voici les massives bannières brodées d'or, garnies de lourdes franges, qui s'inclinent sous les guirlandes aux paillettes multicolores ; — des paysannes, les coiffes dépliées, suivent en chantant, mêlées aux sœurs du Saint-Esprit en robe blanche ; — de petits matelots tiennent en équilibre sur un brancard, comme étayé dans une cale sèche, un vaisseau miniature qui a hissé son grand pavoi ; — une fanfare de prêtres envoie au ciel de bruyants éclats de cuivre, des ronflements de basses qu'enveloppent les grosses voix

TRÉGUIER.
Le cloître et la tour romane d'Hastings.

des chantres; — de longues files de séminaristes en surplis, les diacres en dalmatique, escortent la châsse de verre dont les avocats en robe tiennent les cordons et qui renferme une tête de mort couronnée d'un diadème...
bizarre royauté posthume !

Des évêques et le cardinal de Rennes ferment la marche, en bénissant la foule entière : pèlerins à genoux, mendiants et curieux.

Puis reprend le chœur des voix lamentables, des plaintes inapaisées.

Le soir, la fête se termine par un feu d'artifice tiré sur les hauteurs de *Trédarzec*, en face de la ville, à l'emplacement même d'une ancienne chapelle de Saint-Yves-la-

TRÉGUIER. — Croquis pris aux fêtes de Saint-Yves.

Vérité, où les jeunes filles qui voulaient se marier dans l'année allaient fouetter de genêt le saint en bois qui devait les protéger.

10

La guérite.   PORT-BLANC.   Les rochers.

A minuit, on chantait encore dans les rues le cantique breton, que durant les trois jours solennels on entendait partout :

Ne neus ket en Breiz, ne neus ket unan,
Ne neus ket eur sant evel sant Ervoan !

c'est-à-dire qu'il n'y a jamais eu nulle part un saint comme saint Yves, exclusion humiliante pour saint Tugdual qui abrite son tombeau.

Le port de Tréguier est situé à 9 kilomètres de la haute mer ; il se drague d'excellentes petites huîtres dans les bancs de sa rivière. La passerelle Saint-François jetée sur le Guindy amène à *Plouguiel ;* dans l'estuaire du Tréguier, *Plougrescant* occupe une pointe fertile de la baie d'Enfer. Vers l'ouest, *Penvenan* nous conduit à *Port-Blanc,* excellent atterrage qui s'ouvre près de l'île Saint-Gildas et où se trouve une belle plage au milieu de rochers pittoresques ; au loin apparaissent les *Sept-Iles* et le phare des *Triagoz,* dépendant de Perros-Guirec, que nous irons visiter après avoir vu Lannion.

De Tréguier à Lannion, on rencontre, à 1 kilomètre vers la gauche, *Minitry-Tréguier,* où naquit, en 1255, saint Yves, dans le manoir de Kermartin ; on franchit le Jaudy, et, une lieue plus loin, à la *Roche Derrien,* — célèbre par la bataille perdue sous ses murs, en 1347, par Charles de Blois, — on passe au pied de l'église ancienne et dont la haute et jolie flèche s'aperçoit de loin.

Sur la route de la Roche Derrien à Guingamp par Pontrieux apparaît, dans le voisinage de Ploëzal, le château de la *Roche-Jagu,* magnifiquement situé sur la rive gauche du Trieux. Les nombreux tuyaux de cheminée surchargés d'ornements qui s'élèvent au-dessus des combles, sa façade surmontée d'une galerie couverte à créneaux, sa tourelle à parapet et à mâchicoulis donnent à la Roche-Jagu un aspect fort imposant.

Voici Lannion que nous abordons par le nord de la ville, en vue de la

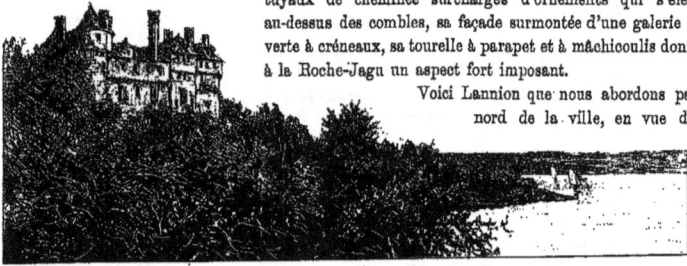

Le château de la Roche-Jagu.

commune de *Brélevenez,* dont les maisons s'échelonnent, grimpant un large escalier de cent trente-deux marches pour atteindre à la vieille église qui couronne la hauteur, de l'autre côté d'un frais vallon.

Lannion. — C'est jour de foire; notre patache traverse le bruyant marché aux grains qui se tient au coin de la route de Brélevenez, et, dégringolant les rues tortueuses et rapides, nous dépose sur le quai du Léguer, planté de jolies promenades aux arbres touffus.

Remontons dans la ville : sur la place du Marché, déjà modernisée par son hôtel de ville, mais encore étrangement pittoresque, nous rencontrons « en face de la plus fantastique bordure de vieilles maisons qu'il soit possible de rêver »… Robida, l'historien et le peintre de la *Vieille France*[1], ravi, fasciné, pris au piège, en train de croquer avec l'originalité qu'on lui connaît « la plus curieuse maison de toute la Bretagne, nous dit-il », — appuyée sur ses invraisemblables et cahotantes voisines, des xv° et xvi° siècles, — dont nous donnons ici le dessin détaché pour nous du carnet de l'aimable artiste.

L'église de Lannion n'offre comme curiosités que ses

L'église et l'escalier de Brélevenez.

1. La *Vieille France, Bretagne.* Texte, lithographies et dessins par Robida. Un volume in-4°, illustré de charmantes et nombreuses gravures. Librairie illustrée, Paris.

voûtes en planches peintes qui prolongent, en trompe-l'œil, les colonnes de pierre.

Tout proche de la côte, Lannion, que la mer vient chaque jour visiter, possède un petit port d'échouage desservi par un embranchement qui rejoint à Plouaret la grande ligne. On se rend à la gare en traversant le nouveau pont près duquel se montre la chapelle Sainte-Anne, du xvii° siècle, appartenant aux dames de Saint-Augustin.

Quelques-uns des pêcheurs de Lannion viennent d'abandonner saumons et sardines... problématiques pour émigrer à Tabarca, sur les côtes de Tunisie.

Malgré les dangers qu'ils courent journellement, les pauvres gens n'ont pas, hélas ! le droit de compter sur leur travail pour les faire vivre ; non seulement les années improductives, les bancs nomades, mais aujourd'hui les prix abaissés viennent leur disputer une existence précaire de terrible labeur : ils émigrent, vieux loups de mer et matelots novices quittent leurs côtes de Bretagne, s'en vont vers des terres promises qui, peut-être, ne tiendront pas leurs promesses, mais leur feront entrevoir le beau ciel et les mers bleues !

LANNION. — Vieilles maisons.

LES QUAIS DE LANNION ET LA CHAPELLE SAINTE-ANNE.

LANNION. — UN JOUR DE MARCHÉ.

M. Lallemand, l'auteur-artiste de *Tunis* et de *la Tunisie*, notre collaborateur[1], nous communique à ce sujet les intéressants renseignements qui suivent :

Avec l'appui du Gouvernement tunisien, MM. H. Oudin et A. Jouron ont installé à Tabarca une colonie de pêcheurs bretons qui exploitent ces côtes neuves où pullulent sardines, anchois, homards et langoustes.

L'île de Tabarca, dominée par les ruines colossales d'un château construit du temps de Charles-Quint, est séparée de la petite ville de Tabarca par un bras de mer de 300 mètres. Ce sera avant peu d'années le centre d'un commerce important de liéges et de bois ; c'est là que nos troupes ont débarqué en 1881.

Tabarca est la petite capitale de cette Khroumirie dont l'habitant légendaire a donné lieu à tant de récits, mais qui n'en est pas moins un pays merveilleux. Les chênes-liège, les chênes-zeens et les oliviers gigantesques de ces forêts superbes, où le lion a conservé ses dernières retraites, égalent, s'ils ne dépassent en pittoresque, ceux de la forêt de Fontainebleau.

1. *Vingt jours de Paris en Tunisie*, par Ch. Lallemand (*Guide-Album du Touriste*, de la collection Constant de Tours), en préparation.

La route de Lannion à Perros-Guirec.

Puissent les braves
Bretons ne pas regretter
leur Bretagne et trouver
abondamment là-bas non
les lions du désert, mais
d'innombrables poissons!
Et, ainsi, que le disait
un jour le fin chroni-
queur de la *Justice*,

PLOUMANAC'H. — Dans les rochers.

« qu'ils connaissent les pêches miraculeuses..... et que nos tarifs de douane leur soient légers! »

Perros-Guirec et Ploumanac'h. — C'est au nord de Lannion que se trouve le fantastique Ploumanac'h ; une bonne route de voitures conduit d'abord à 10 kilomètres, à Perros-Guirec, dont la petite station balnéaire est très fréquentée. Le « cour-rier » qui nous emporte est un primitif tapecul à deux places où, néanmoins,

La grande route à Ploumanac'h.

11

nous logeons quatre assis tant bien que mal sur des sacs de provisions à destination des heureux villégiateurs de Perros. Les cochons qui errent, chercheurs et grognons, sur la route, fuient épouvantés à notre approche!

Voici Perros ; nous nous arrêtons devant la rade semée d'îlots, au fond du port, qui, riche de deux batteries et de quatre feux fixes, offre un excellent abri aux navires. Le bourg est sur un promontoire, groupé autour de l'église en poudingue rose, du XII° siècle, qui est une des plus curieuses du pays pour les chapiteaux historiés de ses colonnes romanes, pour le tympan de son portail, mais aussi pour son petit porche ouvrant sur le cimetière et pour sa tour à coupole surmontée d'une flèche en pierre.

Ploumanac'h nous attire, à une lieue environ de Perros ; la route contourne la baie de Trestrao, où descend en une douce et large pente la plage de Perros. Sur la

L'église de Perros-Guirec et la plage de Trestrao.

hauteur, un clocher pique le ciel ; c'est Notre-Dame-de-la-Clarté au porche flamboyant, au-dessus duquel trônent une Annonciation et une Pitié, et d'où l'on jouit du panorama de l'étrange pays environnant : amoncellements gigantesques, rongeâtres, de l'aspect le plus

Le phare de Ploumanac'h.

bizarre, déchirements chaotiques d'un sol qui paraît bouleversé par un effroyable tremblement de terre. Au milieu est bâti le village de Ploumanac'h, et dans les sentiers qui servent de route errent pieds nus des enfants, quêtant un sou pour remuer les colossales pierres branlantes qu'un doigt fait osciller.

Le havre de Ploumanac'h est fréquenté surtout par des bateaux de pêche. Dans le pêle-mêle de ses blocs de porphyre rouge évidés, arrondis, s'élève, ici, un phare, sur un massif rattaché par une arche de granit au chaos d'alentour ; là, un petit oratoire soutenu sur quatre colonnes romanes et dédié à Saint-Guirec ; ailleurs, d'énormes champignons de granit, de pauvres cahutes de pêcheurs, des croix, de petites mares recouvertes de varech jaunâtre : tout se confond, eau, terre, rochers, maisons, et cela jusqu'à *Trégastel*, dont le couvent-hôtel domine la baie au loin, vers l'ouest. Ce bourg possède une église du XIIe siècle et un curieux ossuaire demi-circulaire du XVIIe, étagère funèbre qui forme un coin dans le cimetière.

Au nord de Ploumanac'h, nous revoyons au large le groupe des Sept-Iles entrevu de Port-Blanc et, plus près de la côte, à l'entrée de l'anse de Perros, l'île Tomé.

Notre-Dame-de-la-Clarté.

Revenons à Lannion pour entrer dans le Finistère à Morlaix, en passant par la bifurcation de Plouaret.

De Lannion à Morlaix. — De Lannion à Plouaret, on compte 17 kilomètres par le chemin de fer ; mais il est bien plus agréable de s'y rendre par la route des voitures, en remontant la vallée du Léguer, semée de chapelles anciennes et de ruines féodales, bordée de ravissants paysages. C'est d'abord le château de Coëtfrec, dont les tours à créneaux et à mâchicoulis se dressent sur la rive gauche, puis la chapelle de Kerfons, délicieux édifice de la Renaissance, et le château de Kergrist. Poursuivant à travers bois, on redescend sur les bords charmants du Léguer, d'où l'on découvre les tours et les remparts du château de *Tonquédec,* à la pointe du promontoire qui domine la jolie vallée; en continuant de remonter la rivière, on arrive par le Vieux-Marché à *Plouaret.* Le village se trouve à 1 kilomètre de la gare; au centre s'élève le haut clocher de pierre de sa vieille église, dont la grande rosace, formant le fond de l'abside, domine la place.

De Plouaret à Morlaix, deux stations : Plounérin, encore dans les Côtes-du-Nord ; Plouigneau, déjà dans le Finistère.

Plounérin est au milieu d'un pays plat, nu, couvert de landes arides et désolées; on passe dans la tranchée rocheuse de Kerbastion, et l'on pénètre par deux tunnels dans une campagne admirable, dominant du wagon de riches et plantureuses vallées.

L'église et l'ossuaire de Trégastel.

Près de Plouigneau, se trouve la chapelle de Saint-Laurent du Pouldour et sa fontaine sacrée, où les fidèles rhumatisants s'en vont en pèlerinage dans la soirée du 9 au 10 août : ici, l'intention vaut le fait, car les frileux qui redoutent, si ce n'est la bienfaisance trop brusque, au moins la sensation de l'eau froide tombant de la source, se font doucher... dans la personne d'un pèlerin mendiant préposé à cet exercice.

Au coup de minuit, baigneurs et pseudo-baigneurs abandonnent la fontaine pour se livrer à des luttes de réaction dans une prairie voisine. Les hommes mariés, dit M. Pol de Courcy, sont formellement exclus de ce tournoi : la victoire reste forcément aux heureux célibataires !

Plouigneau ! Nous découvrons au loin, à gauche, la chaîne nue des montagnes d'Arrée ; voici le pittoresque FINISTÈRE !

Tonquédec.

Et tout de suite il nous offre un magnifique panorama : de chaque côté de la voie, du haut d'un hardi viaduc, apparaît Morlaix, la jolie ville, tout entière à nos pieds.

DANS LE FINISTÈRE

« S'ils te mordent, mords-les. »

Morlaix. — Modeste chef-lieu d'arrondissement de 16,000 habitants, Morlaix est une charmante petite ville située au confluent du Jarlot et du Queffleut, qui se cachent pour unir leurs eaux dans un canal souterrain et former au delà du viaduc la Grande-Rivière, appelée par quelques-uns le Dossen.

Morlaix est gai, animé ; on y boit du vin... et du bon, qui ne fait pas regretter le cidre d'Ille-et-Vilaine ; la Morlaisienne est élégante et porte gracieusement le châle long, noir, sous le simple petit bonnet tombant ; les rues sont amusantes de pittoresque et variées d'aspect. Le port, au pied du viaduc, conduit à la mer à 7 kilomètres de la ville ; il possède un bassin à flot avec pont tournant et de jolis quais bordés de maisons modernes et anciennes, de magasins et de vastes entrepôts. Le quai de la rive droite, où se voient de curieuses arcades, porte le nom de

MORLAIX.
Rue Courte et clocher de Saint-Martin.

« Lances de Tréguier », la suprématie de l'évêque de Tréguier s'étendant jadis jusqu'au Dossen, tandis que le quai de Léon, sur la rive gauche, relevait du diocèse de Léon.

La gare, dont les abords sont gentiment ombragés, est située tout en haut, à 60 mètres au-dessus de la ville, à l'embranchement des anciennes routes de Brest et de Saint-Pol-de-Léon. On descend dans Morlaix, soit par le raccourci, — la rue Courte, — escalier de cent dix marches espacées en groupes, qui s'ouvre en face de la place et de l'église Saint-Martin; soit par la rue Longue en pente rapide, — la préférable; — soit encore par la rue Gambetta, route de voitures, d'où l'on jouit de belles vues sur la campagne et les collines environnantes : toutes ces voies aboutissent à la place Émile-Souvestre, qui nous rappelle tout de suite la patrie du romancier. Arrivé sur la grande place Thiers, voisine, on est charmé par l'aspect pittoresque et original que présente soudain la cité, entre ses deux collines escarpées, superbement dominée par le viaduc gigantesque que nous venons de traverser. S'il est des villes qui ont perdu de leur originalité à l'installation d'une ligne de chemin de fer, nous devons reconnaître que Morlaix, — ainsi, d'ailleurs, que Laval et Dinan précédemment vus, — n'a fait qu'y gagner beaucoup, grâce à l'élégant viaduc qui enjambe résolument de ses arches grandes ouvertes le groupement serré des façades de bois « moyen âge » et des toits pointus humblement dressés à ses pieds : les quatorze arches de 15 mètres d'ouverture qui soutiennent la voie ferrée s'appuient sur neuf arches un peu moins ouvertes, et ces deux étages superposés s'élèvent à 64 mètres au-dessus des fondations, sur une longueur de près de 300 mètres.

De chaque côté du viaduc s'accrochent en amphithéâtre, là de magnifiques parcs aux arbres centenaires, ici des façades bizarres revêtues d'ardoises, des maisons à pignons étroits, des rues en escaliers des jardins étagés. La place Thiers, plantée d'arbres, est curieusement animée, — ainsi que les autres places de la ville, — les jours de foires et de marchés ; c'est que Morlaix fait un grand commerce des produits variés de la région, où tiennent une bonne place les célèbres artichauts et autres succulents légumes roscovites, le beurre et le bétail de Roscoff et de Carhaix, les chevaux renom-

Morlaix. — La place Thiers et le viaduc.

12

Saint-Mélaine et son portail latéral.

més du pays. Les bons Belges y viennent de leurs Flandres acheter la vache laitière bretonne, qui donne peut-être moins de lait que les flamandes, mais qui le donne assurément meilleur : ça est bon, savez-vous ?

À droite du viaduc, l'église Saint-Mélaine, du xv° siècle, élève presque jusqu'au tablier supérieur sa tour carrée achevée en 1574 et surmontée d'une flèche en pierre nouvellement restaurée. Son portail latéral est surtout remarquable, précédé d'un porche qui abrite un joli bénitier dont l'eau consacrée et limpide baigne quelques dents pieusement laissées en offrande au saint lieu. Pénétrons à l'intérieur ; bien que la foule agenouillée en dehors de l'église, sur les marches de ses portes, donne à croire qu'elle est déjà remplie, nous trouvons cependant à circuler facilement au milieu des bonnets à queue de homard et des petites coiffes en coquille des Morlaisiennes plus coquettes, — mode importée de Landerneau, — qui s'inclinent en écoutant la lecture de la « Vie de Michel Le Nobletz, son séjour et ses souffrances à Morlaix ». Saint-Mélaine comprend trois nefs ; on y est particulièrement surpris du caractère comique des sablières qui soutiennent le plafond peint en bleu, semé d'étoiles d'or :

des caricatures de moines et de nonnes, malheureusement peinturlurées, grimacent dans tous les coins; la voûte de la grande nef est entrecoupée de poutres peintes en mirlitons qu'avalent par chaque bout la gueule grimaçante de dragons verts aux lèvres rouges et aux crocs blancs. Derrière les fonts baptismaux, dont la cuve est abritée par un beau baldaquin en chêne sculpté, un Jésus recevant le baptême au Jardin des Oliviers est peint sur le fond lumineux d'une niche; une autre

Sur les marches de l'église Saint-Mélaine.

petite loge, à plafond également vitré, représente une descente de croix, en pierre ou en bois de couleur [1].

Faisant face au viaduc et au port, au fond de la grande place, se dresse l'Hôtel de Ville, moderne; mais tout autour Morlaix offre à la curiosité du touriste un grand nombre de maisons anciennes, dans les rues tortueuses et pittoresques que les travaux de voirie n'ont pas encore fait disparaître. La Grande-

1. Sur la place Thiers demeure un photographe-artiste, M. Fougère, Breton bretonnant des plus aimables et que nous vous présentons comme l'un des plus riches en souvenirs et en vues pittoresques de son pays, dont il étudie amoureusement tous les coins.

MORLAIX. — La maison de la duchesse Anne
et les anciens bonnets.

Rue est à peu près ce qu'elle était au xvᵉ siècle;
la Maison de la duchesse Anne, très habilement
restaurée, montre sa curieuse façade de bois sur
la vieille rue des Nobles; dans plusieurs de ces
antiques demeures, on retrouve encore avec tout
son caractère l'art du xvᵉ siècle : de vastes che-
minées de pierre aux consoles sculptées, des
« ponts d'allée » à tous les étages que relient des
rampes et des piliers ornés de statuettes, patrons
de la famille ou moines grotesques. Dans la
Maison de la duchesse, un bacchus breton tenant
une outre symbolise un Tantale assoiffé, au nez
épaté, aux lèvres épaisses, à la langue pendante
de désir.

Derrière les chapelles de Saint-Mélaine, ap-
puyées au viaduc, passe la curieuse rue Saint-
Mélaine, qui a conservé aussi un grand nombre de
maisons de bois des xvᵉ, xviᵉ et xviiᵉ siècles, dont
chaque étage, depuis le pignon, surplombe d'une
façon inquiétante l'étage inférieur. Au coin de

Un bacchus breton.

cette rue et de la très pittoresque Venelle au Son, au pied
d'une de ces maisons qui superposent au-dessus du ruisseau trois étages fortement en saillie,

Une façade sculptée.

Grande-Rue. — L'escalier du n° 14.

on lit cette inscription : *Il est défendu sous peine d'amende
de fendre du bois le long de ce trottoir*. Les angles exté-
rieurs des pignons sont ornés de statues de saints dans

des niches ou de figures grotesques; à l'intérieur, une jolie Vierge en bois, qui porte son fils sur ses bras, soutient une longue colonne de statuettes successives formant le montant de l'escalier, dont les marches sont faites de tronçons d'arbres à peine équarris. Au centre de ces maisons se trouve souvent une cour en entonnoir que ferme un toit éclairé par le haut, ce qui leur vaut le nom de « maison à lanterne »; au n° 10 de la rue Saint-Mélaine, on voit à l'intérieur d'une de ces cours une sorte de pierre tombale appliquée contre le mur et surmontée d'un fronton d'où émerge une tête plus grosse que nature.

Au fond de la grande salle du Musée, — nef de l'église de l'ancien couvent des Jacobins, — se trouve une magnifique rosace flamboyante que l'on voit encore de la curieuse maison dite « Porte des Vignes », entrée à pont-levis du Morlaix jadis fortifié. Au-dessous de la rue des Vignes passe, sur le bord du Jarlot peuplé de tanneries, la promenade du Poan-ben (mal de tête), qui aboutit au Champ-de-Foire entre une belle allée d'arbres et la route nationale de Plouigneau, à mi-hauteur de la colline. Près des tanneries du Poan-ben, on traverse un petit pont et l'on arrive à Saint-Mathieu; l'église, au plafond bas et peint suivant la coutume du pays, n'a conservé d'ancien qu'une tour carrée ornée dans le style de la Renaissance. Derrière est une Mise au tombeau en ruines et une croix, puis une chapelle,

Les anciens ponts d'alléen.

bâtie sous le vocable de Notre-Dame-du-Mur, qui abrite la statue dorée et vénérée de la collégiale primitive.

Au pied de la rue Longue passe la rue de Brest, où se trouve le Théâtre, neuf, et la Poste ; du coin de cette rue part le chemin de l'Hospice, qui contourne apparemment une partie de l'ancienne enceinte fortifiée. L'Hospice de Morlaix, construit dans le goût du XVIIIe siècle, est admirablement situé sur la colline au-dessus de la vallée du Queffleut ;

MORLAIX.

—

Grande-Rue.

L'église Saint-Mathieu et la rue Basse.

avant de passer sous sa première porte, on jouit d'une très jolie vue sur la ville.

Allons vers la mer : les bords sinueux de la rivière offrent jusqu'à la rade de délicieuses promenades. Le long du port, près d'une place plantée d'arbres sur deux rangs, on voit la Manufacture des tabacs, qui emploie sept cents femmes, dont l'armée en jupons, coiffée uniformément de la queue de homard, sabote et claquette chaque soir à six heures sur les pavés du quai de Léon. Le bassin à flot, d'une largeur moyenne de 33 mètres,

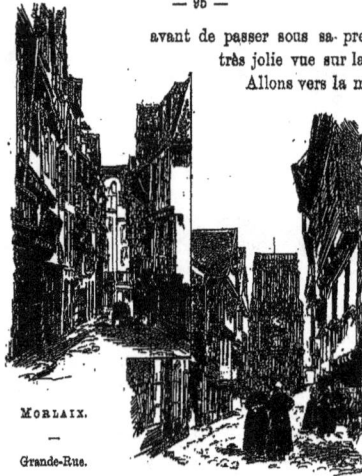

peut contenir 50 navires, et des bâtiments de 400 tonneaux y débarquent leurs marchandises à la porte même des magasins.

Sur la rive droite, apparaissent successivement les châteaux aux parcs magnifiques de Coatserho, du Nec'hoat, de Keranroux, de l'Armorique, de Sucinio et de Trodibon ; sur la rive gauche, Portzantrez, Pennelé, le Monastère de Saint-François avec ses deux chapelles, l'une au bord de l'eau, l'autre sur la hauteur. En face de ce monastère, sur la rive droite, se montrent une curieuse maison rustique recouverte de chaume, aux fenêtres ogivales, et, à côté, un chalet très original, habillé d'ardoises et de coquilles, abritant sous son toit en auvent, dans une rosace, un paon en bois sculpté. Les châteaux de Lannuguy, de Lannigou et le joli village de *Locquénolé*, au bord de l'eau, nous amènent à l'entrée de la rade, sûre, d'un accès difficile. Au fond, à droite, à Dourdu-en-Mer, — petit port de pêche de Dourdu-en-Terre, situé à 4 kilomètres dans l'intérieur, — on frète un bateau qui vous conduit à la forteresse du *Taureau*, isolée sur un rocher au milieu de la baie. Le Taureau fut élevé, au XVIe siècle, sur son noir écueil, par les « citoyens » de Morlaix, qui avaient souvent à redouter les Anglais : « S'ils te mordent, mords-les ! » dit la devise des armes morlaisiennes, supportées par un lion regardant du mauvais œil le léopard britannique à deux gueules.

En continuant la côte ouest, de Locquénolé jusqu'à la pointe de *Carantec*, dont le clocher se montre sur la colline, on découvre toute la rade à droite et la baie de Saint-Pol-de-Léon sur la gauche, entre le port de Penpoul et l'île de Callot.

Mais la fin du jour nous rappelle à Morlaix ; nous remontrons, avec l'aide de la marée, la Grande-Rivière dans la barque de pêche de Damlabardon, le mari de Marie-Françoise, un des 160 habitants de

Dourdu-en-Mer. Sorti du golfe du « Dourdu », ce qui veut dire le golfe de l'eau noire, le flot resserré devient plus rapide et soutient mieux le rameur : nous voyons défiler les châteaux cachés dans des bouquets majestueux de hêtres et de chênes pleins d'ombre. Notre pêcheur nous en dit tous les charmes : du château de Lannigou on distingue 27 clochers aux alentours ! Au-dessus de la berge, sur l'herbe verte et humide, une bande joyeuse revenant de quelque partie de fête rentre, comme nous, à Morlaix ; elle chante, — ou plutôt chantonne dans le calme du chemin de la rive, — la ballade mélancolique :

> C'était Anne de Bretagne, avec des sabots,
> Revenant de ses domaines
> En sabots mirlitontaine, ah ! ah ! ah !
> Vive les sabots de bois !

Notre bateau glisse silencieux entre les prairies bordées de saules ; seuls, les vigoureux coups d'aviron ouvrant l'eau rythment le couplet :

> Revenant de ses domaines, avec des sabots,
> Voilà qu'aux portes de Rennes
> Un jeune et beau capitaine...

MORLAIX.
—
La porte des Vignes
et
la rosace du Musée.

13

Sur le miroir du Dossen, légèrement troublé par le flux, nous croisons des barques de pêche qui, profitant de la haute mer, quittent le port; la voile rougeâtre, terre de feu, est à demi déployée; un homme, à la chemise rouge, rame debout :

> Offrit à la souveraine, avec des sabots,
> Un joli pied de verveine.
> S'il fleurit tu seras reine !

Nous voilà en face le cours Beaumont, dont la rangée d'arbres borde des falaises découpées et couronnées de bois splendides :

> Elle a fleuri la verveine,
> Anne de France fut reine !

Le brave Damlabardon nous montre au-dessus des arbres de la rive droite la flèche d'une tourelle du château de Coatserho : « C'est là, nous dit-il, qu'est mort le général Le Flô, ancien ministre de la guerre, un Breton glorieux ! » Nous arrêtons à l'Écluse, qui maintient pendant la mer basse l'eau dans le bassin à flot; nous abandonnons là barque et batelier. Les quais sont devenus déserts, la journée de travail est finie, et derrière nous s'achève la chanson :

> Les Bretons sont dans la peine,
> Ils n'ont plus de souveraine
> En sabots mirlitontaine, ah ! ah ! ah !
> Vive les sabots de bois !

Rentré dans notre aimable quartier général, nous ferons tout autour de Morlaix de jolies excursions à pied, en chemin de fer ou en
courriers, pour varier les plaisirs.

LA RIVIÈRE DE MORLAIX.

LE TAUREAU.

L'ENTRÉE EN RADE.

De Morlaix à Roscoff. — Jusqu'à Taulé-Henvic, la première station qui montre son clocher à gauche, ce ne sont que landes de bruyères et d'ajoncs ; avant d'arriver à Plouénan, au milieu de riches cultures, on traverse sur un viaduc long et élevé la Penzé, presque à sec à marée basse ; bientôt on aperçoit la mer, l'île de Batz et, plus près, Saint-Pol-de-Léon, dont le fameux clocher à jour s'élève hardiment au-dessus des deux flèches de la cathédrale et de la chapelle du cimetière surmontée d'un clocheton-lanterne.

Tout à côté de la voie, quelques pierres druidiques dans les champs annoncent Roscoff, dont la baie s'ouvre à droite, semée de rochers.

La petite ville maritime connue pour ses bons homards n'en est pas moins célèbre par ses primeurs exquises dues à l'excellence de ses terres et à son climat privilégié : artichauts, oignons, pommes de terre, asperges, choux, brocolis, choux-fleurs, carottes, haricots, pois, navets, salades s'étendant partout, comme ailleurs les champs d'avoine, poussent là victorieusement grâce à l'engrais fécondant du goémon de la côte : aussi, le *journal* de terre (48 ares), bénéficiant de sa prodigieuse fécondité, y est-il d'un prix fort élevé.

L'illustre représentant de cette richesse luxuriante du sol est, — dans l'enclos des Capucins proche de la gare, — un figuier plusieurs fois centenaire, géant de l'espèce, dont les branches toujours verdoyantes et de la grosseur d'un arbre se contorsionnent au-dessus des jardins, soutenues par des murs et des piliers en maçonnerie.

Mais Roscoff profite aussi de l'attrait de ses plages surélevées, aux zones de galets superposés : celle du Roch-Croum, petite anse caillouteuse garnie d'une

A SAINT-POL-DE-LÉON.
Le géant des clochers.

douzaine de cabines et que domine à l'ouest un rocher gigantesque aux découpures bizarres ; la plage de Sainte-Barbe, du nom de la chapelle blanche qui s'élève à la pointe de Bloscon, d'où l'on découvre la rade de Morlaix ; enfin, celle de Madéra. La pleine mer se montre à droite dans l'ouverture comprise entre l'île de Batz et l'île Verte ; partout ailleurs l'œil s'arrête sur la terre ferme et sur des lignes rocheuses dont les plans successifs, vus de la grève, semblent s'unir pour fermer la baie.

Le figuier de Roscoff.

Le port groupe ses maisons au fond d'un bassin d'échouage demi-circulaire, précédé d'une jetée longue de 300 mètres ; les bateaux y entrent en passant à travers des récifs sans nombre.

Les chapeaux ronds à larges bords des Roscovites, le serre-tête noir à bande blanche des femmes du pays, la coiffure spéciale des indigènes de l'île de Batz, et l'attitude

Le clocher de Roscoff.

sérieuse et grave des habitants de toute cette région, donnent un grand caractère à la charmante station balnéaire. L'église de Roscoff élève, au-dessus des maisons basses qui l'entourent, un clocher à dôme, du XVIᵉ siècle,

A ROSCOFF.
La récolte des oignons
et la plage du Roch-Croum.

exquis d'originalité ; son porche, surmonté de la statue de Notre-Dame de Croaz-Baz, s'encadre en arrière de deux petits édicules à colonnes datant de la Renaissance et dont l'un servait d'ossuaire. M. Palustre [1] fait remarquer la disposition très particulière de ce monument bas, à double étage de fenêtres, les unes carrées, les autres cintrées, où ne se montre aucune porte : on se contentait de jeter du dehors les ossements dans l'intérieur inaccessible de tous côtés. Sur le piédestal à quatre faces d'une croix enclose dans le mur de l'église, on lit : « Dorothée Silburne, « mère du clergé français », réfugié (sic) en Angleterre, 1702-93 ». A l'intérieur de l'église, que l'on visite au bruit sourd et monotone

1. *La Renaissance en France*. (Ancienne Maison Quantin).

L'ossuaire de Roscoff.

du balancier de son horloge, on remarque un retable encadrant de curieux bas-reliefs d'albâtre qui représentent la Passion, l'Annonciation, l'Assomption ; au plafond peint, de chaque côté des orgues, pendent de petits navires pavoisés. Au centre du bourg se voient encore les ruines de la « chapelle commémorative du débarquement, en août 1548, de la reine Marie Stuart », qui toucha la terre de France à Roscoff, lorsqu'elle vint pour épouser le Dauphin.

Enez-Baz, — île du bâton, — l'île de Batz court tout en longueur en regard de la plage du Roch-Croum, dont elle limite l'horizon ; souvent inaccessible, en raison des courants très forts qui se rencontrent sur ses bords, des barques y traversent en dix minutes par le beau temps. A l'heure de la mer basse, l'île s'agrandit étonnamment, élevant au-dessus de son sol ras, sans un arbre, — mais où vient le tamarix en abondance, — des maisons, un clocher blanc, un phare dont l'altitude est de 68 mètres et un moulin qui fait tourner mélancoliquement ses ailes au-dessus de l'Océan. Le vivier de Roscoff

Port de Roscoff et femme de l'île de Batz.

est fort curieux à visiter, ainsi que l'aquarium de M. Lacaze-Duthiers, qui vient de tenter avec succès l'élevage des huîtres, ajoutant cette nouvelle ressource à un pays exceptionnellement favorisé.

SAINT-POL-DE-LÉON, à 5 kilomètres de Roscoff en revenant vers Morlaix, possède la merveille des clochers bretons :

Suis né natif du Finistère ;
A Saint-Pol j'ai reçu le jour ;
Mon pays est l'plus beau de la terre,
Mon clocher l'plus beau d'alentour.
Aussi j'l'aimais et l'admirais
Et chaque jour qu'Dieu me faisait
Je disais :
Que j'aime ma bruyère,
Et mon clocher à jour !

c'est ainsi que le conscrit et le pêcheur de Saint-Pol, gardant le souvenir de leur village, rendent

La cathédrale de Saint-Pol-de-Léon.

hommage au prestigieux clocher à jour du Creizker, haut de 77 mètres, et qui dresse sur quatre arcades soutenues par des piliers composés de fines colonnettes, sa longue flèche délicatement découpée et flanquée de clochetons. Un pieux enfant de la Bretagne écrivait un jour : « Si jamais un ange descendait du ciel, il poserait son pied sur le Creizker pour s'arrêter en Armorique. »

SAINT-POL-DE-LÉON. — Le Creizker.

Toujours est-il que de ce clocher fièrement élancé au-dessus des rues paisibles de l'aristocratique *Castel-Paol* on domine, d'un côté, une vaste étendue de mer, — le pittoresque port de Penpoul et sa côte accidentée n'étant qu'à un kilomètre de là ; — de l'autre côté, la plantureuse campagne environnante, l'antique cathédrale et ses deux clochers reliés par une balustrade que terminent, à 55 mètres de hauteur, de magnifiques flèches en

SAINT-POL-DE-LÉON. — Un ossuaire.

pierre. A l'intérieur du somptueux édifice, de style ogival normand, les 68 stalles du chœur et le

14

maître-autel en marbre rappellent la grandeur passée de l'ancienne ville des évêques du Léon. Dans le cimetière, entouré de curieux ossuaires gothiques, se voit un chemin de croix en granit de Kersanton, dont les scènes se développent sur les parois d'un vaste hémicycle d'ordre toscan.

Le calvaire de Saint-Pol-de-Léon.

Les femmes du pays de Léon, de haute stature, superbement élégantes, ont un renom de beauté, et les chansons du pays célèbrent la grâce des jeunes filles « aux joues roses comme la fleur de l'érable, aux yeux bleus comme la fleur de lin et qui brillent comme des gouttes de rosée, à l'aurore, sur la blanche épine ».

De Morlaix à Saint-Jean-du-Doigt. — Sur la route de Morlaix à Lannion, à quatre lieues environ au nord de Lanmeur, dans un vallon couvert de verdure, resserré entre deux montagnes abruptes, s'abrite le gracieux village de Saint-Jean-du-Doigt, sur le bord de la mer. Le clocher de Saint-Jean,

La plage de Saint-Jean-du-Doigt.

œuvre délicieuse de la fin du xvᵉ siècle, formé d'une charpente de bois recouverte de lames de plomb, marque sur la côte la limite du Finistère.

Le bourg est ainsi appelé parce que son église conserve
dans un étui précieux le non moins précieux index droit de
saint Jean-Baptiste; cependant, un bénédictin, le père
Lobineau, conteste le fait et prétend que Saint-Jean-du-
Douet veut dire simplement Saint-Jean-de-la-Fontaine :
dans le cimetière, en effet, on voit un château d'eau et une
chapelle funéraire, tous deux de la Renaissance, dont ils
sont de délicieux témoignages. Or, la fontaine, tout comme
le reliquaire, est l'objet de la dévotion des pèlerins; de
cette façon tout le monde a raison : les partisans du père
Lobineau, aussi bien que les admirateurs du *Bis Sant Ian*,
peuvent venir à Saint-Jean-du-Doigt en pèlerinage. Au
sommet du coteau qui sépare, à l'ouest, Saint-Jean de
Plougasnou, on rencontre un oratoire extrêmement curieux
où les jeunes filles viennent offrir leurs cheveux à la Vierge
pour avoir un mari dans l'année.

« La forme en est singulière, dit l'auteur de la *Renaissance en
France*, et, au premier abord, le souvenir emporte bien loin de la
Bretagne, sur les côtes d'Asie Mineure, car on croit reconnaître un
tombeau lycien. C'est la même toiture courbe maçonnée en pierres de

SAINT-JEAN-DU-DOIGT. — Le château d'eau.

grand appareil que semblent percer des bouts de solives, ce sont les mêmes pignons opposés surmontés d'une sorte d'acrotère. N'étaient les ouvertures du rez-de-chaussée, l'illusion serait complète. Aussi que ne donnerait-on pas pour connaître le nom de l'architecte qui a jeté cette énigme aux passants. »

SAINT-JEAN-DU-DOIGT. — La Chapelle.

En poursuivant vers Lannion, on rencontre la jolie baie de *Saint-Michel-en-Grève*, jadis converte d'une forêt et dont le sable calcaire mélangé aux débris de coquillages forme la « tangue » que les cultivateurs viennent glaner pour fertiliser leurs champs. De Saint-Jean-du-Doigt, on peut revenir à Morlaix par la mer, traversant la rade au pied du Taureau et remontant la Grande-Rivière; c'est une des plus charmantes excursions à faire aux abords du pays de Léon, si riche en sites variés.

L'oratoire de Plougasnou.

Saint-Michel-en-Grève.

De Morlaix à Carhaix. — Un nouveau réseau breton du chemin de fer de l'Ouest vient d'être ouvert entre ces deux villes, devant mettre, d'ailleurs, par la ligne de Carhaix à Rosporden, le centre du Finistère en relations avec le réseau d'Orléans. La nouvelle ligne dessert *Huelgoat*, aux jolis paysages, qui offre à la curiosité des touristes un gigantesque rocher tremblant et la fameuse grotte du « Ménage de la Vierge », où les eaux se précipitent en cascade dans un vallon aux pentes boisées, au milieu d'énormes blocs de granit.

La route d'Huelgoat à *Poullaouen,* riche en mines de plomb argentifère, s'élève au-dessus de la belle vallée de l'Aulne, où l'on admire une autre cascade appelée le Gouffre, formée par le ruisseau de Pont-Pierre. C'est à 7 kilomètres de Huelgoat que se trouve le pèlerinage de saint Herbot, patron des bêtes à cornes. La chapelle de *Saint-Herbot* date du XVIe siècle et possède une haute tour carrée à balustrade, des porches richement décorés, un beau jubé de la Renaissance et la statue du saint protecteur des bœufs si renommés de la Cornouaille : chacun d'eux laisse, au pardon du mois de mai, un peu de sa queue en offrande sur l'autel, et le produit de la vente de ces nombreuses poignées de crins s'élève, bon an mal an, à 1,500 ou 1,800 francs que prélève l'église.

Au milieu des grandes bruyères qu'entourent, au nord, les crêtes aiguës des Monts d'Arrée et, au sud, les Montagnes-Noires, arides et nues, se découvre Carhaix. Du sommet des montagnes d'Arrée apparaît aussi vers l'ouest, sur la route de Morlaix à Quimper, la chapelle Saint-Michel, bâtie au point culminant de toute la Bretagne, à 391 mètres d'altitude, d'où l'on embrasse un amphithéâtre de quinze lieues de rayon !

Carhaix s'élève lui-même à 141 mètres au-dessus de la rive gauche de l'Hière ; au milieu de la place du Champ-de-Bataille, d'où l'on jouit d'un magnifique panorama, se dresse, sur un piédestal de granit orné de bas-reliefs, la statue en bronze

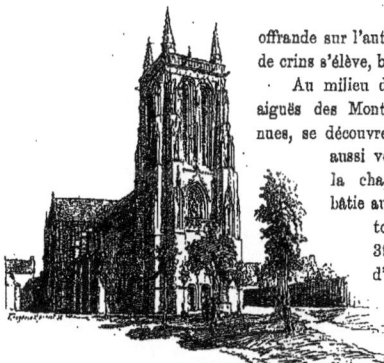

CARHAIX.
La Collégiale de Saint-Trémeur.

CARHAIX.
Statue de La Tour d'Auvergne.

de Théophile Malo Corret de La Tour-d'Auvergne, premier grenadier de France, né à Carhaix en 1743. C'est là tout Carhaix! L'église paroissiale est du XIIᵉ siècle, sauf le clocher rebâti au XVIIIᵉ; mais le seul édifice religieux qui attire les regards est la Collégiale de Saint-Trémeur, du XVIᵉ siècle, aujourd'hui désaffectée et que surmonte, au-dessus d'un riche portail de style flamboyant, une belle tour carrée haute de quarante-quatre mètres.

AU PAYS DES « KARNELS »

De Morlaix à Landerneau. — Reprenons notre grande ligne de Brest : en quittant Morlaix, le train s'élève jusqu'au plateau de *Pleyber-Christ* dont le clocher pointe à gauche de la voie et dans

Gens de Plounéour-Ménez se rendant à la foire de Morlaix.

le voisinage duquel *Plounéour-Ménez* groupe ses pauvres maisons au centre d'un pays aride, au milieu des landes sauvages qu'encadrent les derniers contreforts des Montagnes d'Arrée ; l'élevage des bestiaux est la seule ressource du pays.

Puis, tout à coup, franchissant la vallée de Coatoulsac'h sur un remblai élevé, on pénètre dans une contrée d'une richesse de végétation surprenante : c'est le Jardin du Léon, — comme la Touraine est le Jardin de la France, — le paradis terrestre, les champs élyséens des Bretons ! Le train s'arrête au hameau des Marqué, station de Saint-Thégonnec, établie à 3 kilomètres du bourg.

Le portique de Saint-Thégonnec.

Nous voilà dans le « pays des Karnels », des ossuaires, des « charniers », où, plus encore qu'ailleurs, se révèle le culte des morts dont le Breton, mystique et respectueux du passé, est partout le gardien fidèle. Le cimetière occupe dans le village la plus grande place, la place d'honneur : chaque jour, le Celte rêveur revoit le petit carré de terre où il sommeillera pour toujours. Et la satisfaction est douce pour le pauvre de savoir qu'il y condoiera ses ancêtres, qu'il y reposera « en famille, » — comme les riches, dans leurs chapelles funéraires des grandes villes; mieux encore, ici, dans le sainfoin et la luzerne, tranquillement endormi sous une pierre de granit :

Heureux qui meurt ici
Ainsi
Que les oiseaux des champs !
Son corps près des amis
Est mis
Dans l'herbe et dans les chants [1].

Et le petit champ de repos, — bien simple dans ses tombes, — n'a rien à envier aux grandes nécropoles, à notre Père-Lachaise : comme lui, il est fréquemment visité; ses morts reçoivent! Chez eux sont réunis les « monuments » à voir, et non des moindres : arc triomphal, calvaire peuplé de tout un monde de pierre, ossuaire et église d'une richesse d'architecture exceptionnelle!

1. Richepin, la Mer.

A Saint-Thégonnec.

15

Ossuaire de Saint-Thégonnec.

Un somptueux portique ouvre le cimetière de *Saint-Thégonnec*, qui renferme un ossuaire monumental et un calvaire du XVII° siècle, élevé tout en hauteur sur un massif étroit, terminé par un Jésus crucifié entre deux larrons en potences. L'ossuaire et la porte triomphale sont des œuvres admirables de la Renaissance [1]; l'église a été reconstruite à la même époque.

[1]. Voir *la Renaissance en France*, par Léon Palustre.

De jolies fillettes aux beaux yeux clairs, coquettement coiffées du bonnet à brides relevées sur l'oreille, un châle croisé en fichu sur la poitrine, enjambent mélancoliquement le mur bas du petit enclos mortuaire et entrent à l'église. De temps en temps, sur la route, une croix de granit qui n'a plus qu'un bras ou dont les personnages, dos à dos, comptent plus d'un absent, indique un croisement de chemins.

De Saint-Thégonnec on peut facilement gagner à pied Landivisiau, en passant par Guimiliau et Lampaul; la route descend dans la vallée de la Penzé, que traverse un petit pont au pied d'un viaduc haut de 32 mètres.

On arrive à la place de *Guimiliau*, où se montre, surmonté d'un clocheton qui penche, le beau porche Renaissance de l'église. Guimiliau, qui, plus rapproché de la voie ferrée que Saint-Thégonnec, n'est cependant desservi que par cette station, est très visité chaque été par les touristes; pendant l'hiver, on y vient d'Espagne acheter des bidets excellents pour les ascensions des sierras de la chaîne cantabrique. Au-dessus de l'arc d'entrée du cimetière se dresse une Vierge à l'enfant escortée d'un seul cavalier, à droite, celui de gauche ayant disparu;

Calvaire de Saint-Thégonnec.

entre les tombes, au pied de l'ossuaire, picorent des poules. Le petit bourg possède un des plus beaux calvaires de Bretagne : sur la plate-forme qui couronne les arcades servant de contreforts se déroule la vie du Christ, représentée par des groupements pittoresques de petits per-sonnages vêtus à la mode du XVIᵉ siècle ; un bas-relief figure Jésus entrant à Jérusalem, un autre représente l'Adoration des Mages, le Lavement des pieds ;

De Guimiliau à Lampaul.

ailleurs se développe la légende de Catel Gollet préci-pitée dans une gueule infernale pour avoir caché un gros péché à son confesseur : « Voici ma main, dit-elle, qui a fait le péché cause de mon malheur, et voici ma langue qui l'a nié. » En haut-relief, au-dessus du monument qui s'étend tout en largeur, passe le long cortège du Christ portant sa croix, conduit par un tambour à l'air crâne, coiffé sur l'oreille. Dans la foule se fait remarquer le diable, bien qu'il dissimule ses cornes sous une cagoule de pèlerin.

Le calvaire de Guimiliau.

Le jour tombe; dans les chemins creux bordés de mûriers aux perles rouges et
noires, de vieilles femmes revien-nent des champs, abandonnant les prairies à l'herbe
grasse pour rentrer dans leur
sombre demeure.

Voici *Lampaul* et l'original
clocher de son
église; dans le
crépuscule, le
long du cime-
tière, une ombre
passe au pied du
calvaire, près de

L'église de Lampaul.

l'ossuaire : *Memento mori!* il semble que c'est une pierre tombale qui
se lève. C'est un paysan, aux vêtements noirs comme tout ce qui
l'entoure, qui d'un pas tranquille pénètre sous le portique triomphal hérissé
de croix, tout au bout de la route. Au-dessus du porche latéral de l'église, un
saint Michel terrasse victorieusement un démon; sous la voûte s'alignent des

Une mendiante.

statues de saints grossièrement peintes et naïvement sculptées; l'intérieur est des plus curieux : au
pied du clocher, des personnages de grandeur naturelle, peints comme ceux du porche, figurent une
Mise au tombeau; en avant du maître-autel, traversant la grande nef, une poutre retenue par des gueules

de dragons verts présente sur toutes ses faces sculptées et peintes les scènes de la Passion ; dans le chœur, d'autres figures joliment travaillées servent de bras aux stalles. Deux chapelles latérales

renferment des sculptures, toujours mises en couleurs, représentant d'une façon très humaine l'accouchement de la Vierge, le décollement d'un saint, la Passion, en un grouillement de bonshommes très mouvementés au-dessus desquels les deux larrons, nus, les jambes libres, se contorsionnent sur leurs croix ; tout cela finit par une chute épouvantable des damnés aux Enfers, du plus haut intérêt.

Après avoir croisé les routes de Ploudiry et de Sizun, on arrive à la gare de Landivisiau, dont le bourg possède un ossuaire orné de cariatides remarquables.

Revenus là sur la grande ligne, nous suivons la rive gauche de l'Elorn, qui court, bien parallèle à la route et à la voie ferrée, jusqu'au pont du Cannardic.

Le jubé de la Roche-Maurice.

Bientôt se montrent sur la hauteur la jolie flèche Renaissance, le délicieux clocher à trois étages de l'église de la *Roche-Maurice* et, au-dessus de rochers abrupts, les ruines enveloppées de lierre, bizarrement déchiquetées, de son château de « Roc'h-Morvan », — détruit au xvᵉ siècle, — au pied desquelles le train fait halte au-dessus de la rivière, dans un ravissant paysage.

L'église de la *Roche-Maurice* renferme de jolis vitraux anciens, de belles corniches sculptées dans le chœur et un jubé en bois des plus remarquables de l'époque de la Renaissance. Sur les bas-reliefs de l'ossuaire, d'une riche architecture, le souverain Pontife, entraîné par la Mort, conduit à sa suite une ronde macabre d'un mouvement endiablé.

Le clocher.

Les ruines de la Roche-Maurice vues des bords de l'Elorn.

La voie ferrée de Brest à Quimper et Nantes annonce Landerneau, où se raccorde avec la ligne de l'Ouest le réseau de la Compagnie d'Orléans.

Landerneau. — Il n'est pas de ville plus paisible; aussi notre arrivée, — nous sommes deux! — fait-elle grand bruit en Landerneau, tranquille chef-lieu de canton de moins de 10,000 habitants, situé à la jonction des routes de Morlaix, de Quimper et de Brest, ce qui lui a valu d'être le point de soudure des deux grandes Compagnies de l'Ouest et d'Orléans. C'est aux voyageurs de ce double réseau et à ses grandes foires de chevaux renommées que doit son « animation passagère » la ville endormie sur les bords de l'Elorn, dont les eaux arrivent à fleur du sol.

Peut-être aussi Landerneau est-il triste et jaloux de voir grandir à côté de lui Brest, si mouvementé. Et cependant la petite cité n'est pas sans charme : sa belle rivière, qui offre les aspects changeants des basses et des hautes mers et qu'enjambe un vieux pont de

Le pont de Landerneau.

pierre *habité* d'un double rang de curieuses maisons à jardinets, parmi lesquelles se distingue le pittoresque Moulin de Rohan ; ses églises du XVIᵉ siècle, Saint-Honardon surmontée d'une jolie tour à coupole où apparaissent les cloches, et Saint-Thomas-de-Cantorbéry, dont le porche est rustiquement encadré d'un poulailler à porte grillée où caquettent des poules ; enfin, des maisons

anciennes sur ses en Landerneau, à

En face de tation privée : le deux yeux noirs dans les petites arcades ou dans les crevasses du mur; aujourd'hui des pots de fleurs égayent les fenê- tres, qui ont passé de l'ogive ou du plein cintre à la forme carrée, grâce à un rem- plissage en pierres de la courbe.

places et dans ses rues en pente méritent qu'on s'arrête jamais rendu célèbre par un mot de comédie !

Saint-Thomas est un ancien ossuaire converti en habi- « chef » d'un Kerbretonnant défunt ne montre plus ses

Vieilles maisons.   Ancien ossuaire.

A LANDERNEAU.

Le moulin de Rohan.

Au-dessus de la porte, où sont assis, joyeux et babillards, de beaux enfants joufflus comme des anges d'église, se lit encore le funèbre rappel : *Memento mori !*

16

Sur le quai, le cortège d'une noce nous barre le passage, les nouveaux mariés rendant une visite : les invités, en longue file, se sont arrêtés net en travers de la route; force nous est d'étudier les costumes des « épouseux » et de leur suite. Les hommes portent un large chapeau aux rubans de velours noir qui flottent derrière la tête, la veste courte, la chemise bien découverte ; les femmes, coiffées du petit bonnet à fond de bénitier, arborent des châles bleus, rouges, roses, jaunes ou noirs. Mariés et marieurs ont un détail de costume amusant : une fleur d'oranger, — que tous portent, sans exception, comme si tous en étaient dignes, — est piquée en longue tige sur le revers de l'habit des hommes et au corsage du tablier de soie noire des femmes.

Aux deux extrémités du large Champ-de-Bataille qui borde l'Elorn, on est invité par les jolis paysages à suivre la rivière, soit qu'on la descende jusqu'à la rade de Brest par la Forêt et Kerhuon, ou qu'on

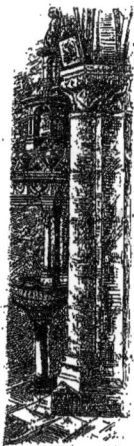

Le bénitier
de La Martyre.

L'abside de Sizun.

la remonte jusqu'à la Roche-Maurice; alors, on revient à la ville par *Pencran,* gracieux village dont le calvaire et la chapelle, au milieu du cimetière, sont fraîchement situés, à l'ombre des grands arbres, sur une haute colline qui domine Landerneau, la rivière et... la rade de Brest.

On fait aussi de Landerneau la jolie excursion de *La Martyre,* connue pour son importante foire de chevaux, à 7 ou 8 kilomètres à l'est, près de la route de Carhaix. L'église de La Martyre, qui remonte aux xve et xvie siècles, est précédée d'un portique à calvaire et renferme un bénitier exceptionnellement curieux. A 2 ou 3 kilomètres, après avoir franchi l'Elorn, on rencontre la route de *Sizun,* charmant petit village où l'on admire, en même temps que le portail ogival de l'église et son curieux abside de la Renaissance, un magni-

L'arc de Sizun.

fique arc de triomphe à trois baies, du xvie siècle, que surmonte une étroite terrasse en forme d'autel, dominée par les trois croix d'un calvaire.

De Landerneau à Lesneven et à la mer. — Au nord de Landerneau est un pays extraordinairement curieux : c'est d'abord *le Folgoët,* Notre-Dame du Fou-du-Bois ; puis, au delà de Lesneven, la Terre des Païens ; enfin, la mer sauvage de l'Aber-Vrac'h. Nous y courons, au trot de deux solides chevaux.

La diligence, après avoir atteint à 114 mètres d'altitude le plateau de Saint-Éloi, — où se montre la chapelle dédiée au protecteur des chevaux qui, en retour, lui sacrifient leur crinière, — trotte sur la longue route en vue des trois clochers de Ploudaniel, de Lesneven et du Folgoët. Passé Ploudaniel, qui cache dans un bouquet d'arbres ses trois étages de clochetons, on croise la route de Landivisiau à Lannilis par le Folgoët, et l'on est à Lesneven, justement fière d'être la patrie du

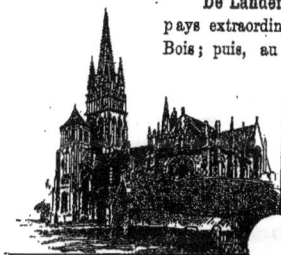

Notre-Dame-du-Folgoët.

Le calvaire et le Doyenné.

général Le Flô. On passe devant l'humble maison qui vit naître l'ancien ministre de la République; nous voilà loin du somptueux château de Coatserho, à Morlaix, où il mourut.

A côté de Lesneven, à 1,800 mètres, se trouve Notre-Dame du Folgoët, célèbre dans le Finistère pour son pèlerinage. Sa flèche en pierre s'élève à 53 mètres, à côté d'une autre tour moins haute que termine un dôme ; devant le portail sud se dresse un Crucifié à la taille cambrée, élevé là, au XVe siècle, par Alain, cardinal de Coëtivy. Commencée en 1364, l'église fut érigée en collégiale en 1423; son transept replié en équerre, la Chapelle de la croix, le portique des douze apôtres, les arcades de la nef, la voûte aux clefs armoriées, les autels en granit de Kersanton, enfin le jubé, sont d'une richesse d'ornementation excessive. Au fond de la Chapelle de la croix est un vitrail moderne représentant le couronnement de la statue de Notre-Dame du Folgoët, le huitième

L'Aber-Vrac'h et les goémonniers.

jour de septembre 1888, où figurent de brillants et curieux costumes bretons;

cet anniversaire est fêté tous les ans, et l'on y revoit quelques-uns de ces costumes. Au-dessous de la rosace, à l'extérieur du chevet, est la fontaine du « bienheureux » Salaun, le Fou du bois, dont la source que recouvre le maître-autel s'écoule lentement dans un bassin dominé par une statue de Vierge qu'abrite une sorte de porche-auvent de forme ogivale.

L'église a pour voisin un charmant manoir à tourelles et à lucarnes, le Doyenné, sur les murs duquel apparaissent les armes de Bretagne et des hôtes successifs de cette demeure princière.

Au nord de Lesneven est un pays étrange, de nom plus étrange encore ; c'est la côte des *Paganed,* le pays des lamentations, *Lanar-Paganis,* la terre des païens : plus simplement, ces païens, qui ont peut-être gardé le culte des Druides, les anciens « moines » gaulois, sont des goémonniers vivant péniblement du travail de la mer. Sur leurs rivages, on a trouvé enfouis des débris de toute sorte qui témoignent des époques primitives ; çà et là, on rencontre des monuments celtiques d'un caractère grandiose. Goulven, Plounéour-Trez, Kerlouan sont les berceaux de cette colonie ; de la pointe de Pontusval à l'estuaire de l'Aber-Vrac'h, au-dessous des sites ombragés et charmants que l'on traverse, sont des villes mortes, dit-on. La Manche, qui finit là pour devenir l'Océan, agite, comme dans une dernière convulsion, ses vagues furieuses, déchire le rivage, le sème d'îlots, laissant voir au large de terribles écueils, de noirs rochers que blanchit l'écume de la mer.

Près de Plounéour-Trez, bâti sur une colline, est le hameau de Brignogan, dont le sable fin, encaissé par les rochers semés à profusion dans la grève de Goulven, a fait une modeste station balnéaire.

Jusqu'à Pontusval, dont le petit cap est surmonté d'un phare, ce ne sont qu'amas de rocs, que récifs de granit ; ainsi, tout le long du rivage, vers l'ouest, jusqu'à la rade de Brest ! A l'est de Goulven,

Plouescat, Cléder, Sibiril, Plougoulin, dans le voisinage de la côte, nous ramèneraient à Roscoff, à Saint-Pol-de-Léon et à la rivière de Morlaix.

On ne compte pas trois lieues de Brignogan à Lesneven, d'où l'on regagne Landerneau ; au retour, nous ne rencontrons sur la route que chevaux vigoureux et d'allure superbe, se rendant au concours des trotteurs du pays. Parti de Landerneau, le train côtoie la rive droite de l'Élorn qui, à l'heure de la marée basse, ressemble à un large banc de vases au milieu duquel court une petite rivière. Au sortir de la baie de Kerhuon, ancien flottage des bois de la marine de l'État, on s'arrête à la halte du Rody, au fond de l'anse du Moulin-Blanc. Après Saint-Marc se dessine nettement à l'horizon le *goulet* qui ouvre l'Océan ! Nous sommes en gare de Brest.

Retour de Lesneven à Landerneau.

BREST

Du coup nous voilà rajeunis, l'heure de Brest étant en retard de vingt-sept minutes sur l'heure de Paris, qui est celle de la gare. Attention ! au départ, cette coquetterie peut nous faire manquer le train.

Devant nous, voilà la double enceinte de la ville élevée au XVII° siècle : nous sommes dans une place forte, merveilleusement défendue par une rade incomparable!

Voisines de la première porte, les rues du Château, de la Mairie, Saint-Yves, encadrent les places du Champ-de-Bataille et de La Tour-d'Auvergne, centres mouvementés de la ville haute, d'où descendent au port la longue rue de Siam et ses deux parallèles, la Grande-Rue et la rue de Crée. Partout ce ne sont que matelots en béret, le grand col bleu bordé de blanc ouvrant largement sur le cou, soldats d'infanterie de marine, élèves des trois écoles flottantes de la rade, officiers et sous-officiers de la marine de l'État, enseignes et lieutenants de vais-

BREST. — Le pont tournant ouvert.

seau. Brest est comme un immense cuirassé qui repose à l'ancre en face de l'Océan, ayant à son bord l'ÉCOLE NAVALE du nouveau *Borda*, ancien *Intrépide; l'ÉCOLE DES MOUSSES, l'*Austerlitz; l'ÉCOLE DES APPRENTIS MARINS, la *Bretagne!*

Simple sous-préfecture du Finistère, ce port de guerre est avant tout un chef-lieu d'arrondissement

Un coin de la cuisine des élèves.　　Le réveil et l'exercice du canon.　　En police ! !

DANS LA RADE DE BREST. — A BORD DU « BORDA ».

1. Spécimens réduits des belles gravures sur bois de l'*Histoire de l'École navale*, par un ancien officier (Anc^ne Maison Quantin, éditeur).

17

maritime, qui ne compte pas moins de 70,000 habitants, tandis que la préfecture du département, Quimper-Corentin, l'ancienne capitale du comté de Cornouaille, n'a pas 20,000 âmes [1]. C'est en vain que les édifices civils et religieux des quartiers supérieurs cherchent à vous retenir, que l'église de Saint-Martin vous montre son clocher au-dessus du faubourg de Bel-Air, en face du grand cimetière brestois, les pas et les regards du touriste sont invinciblement dirigés vers les larges rues en pente toutes grouil-lantes d'uniformes variés, au milieu desquels on remarque les gracieux bonnets des femmes et leur collerette coquettement rejetée en arrière pour décolleter la nuque. Toutes ces voies descendantes vous entraînent, vous plongent irrésistiblement dans la vallée profonde, sinueuse, de la Pen-feld, qui forme le port militaire et que

Le château de Brest et l'entrée du port de guerre.

traverse, superbe, le pont tournant appuyé aux flancs de la colline d'en face, où se groupent les maisons de *Recouvrance*. Les deux volées mobiles de ce majestueux « trait d'union » se réunissent au milieu du bassin, pivotant simplement, manœuvrées en vingt minutes par quatre hommes sur les deux piles de maçonnerie des quais. Au pied du géant est une gentille passerelle à fleur d'eau, réservée aux piétons.

Du haut de ce nouveau colosse de Rhodes, qui laisse passer les navires entre ses jambes, et auquel

1. Voir *Vingt Jours sur les côtes bretonnes, de Nantes à Brest* (*Guide-Album du touriste*, par Constant de Tours).

ses proportions gigantesques n'ont enlevé ni solidité, ni légèreté, ni élégance, on découvre la rade où dorment les grandes citadelles immobiles au mouillage. Parmi elles, le *Hoche*, nouveau cuirassé d'escadre, élève ses formidables armures au-dessus de cette immense nappe de mer de 36 kilomètres de circuit, limitée par des côtes aux écueils redoutés et n'ouvrant sur l'Océan que par une porte, le « Goulet », de 2 kilomètres de large. A la sortie de la Penfeld, à l'entrée du port, se dresse sur un rocher escarpé le château de Brest, type remarquable des forteresses du moyen âge, qu'il faut visiter. L'aimable casernier, Le Bellour, de la caserne d'Estrées ou du Château, est un guide précieux; il possède par héritage un manuscrit donnant l'historique du Château, dont les caverneuses oubliettes n'ont plus de secrets pour lui.

Au fond de la rade s'ouvre le port militaire, — un des plus beaux du monde, — que deux siècles d'un travail opiniâtre ont conquis sur les roches schisteuses qui l'encaissent; véritable ville dans la ville brestoise dont chaque maison, — grande ou immense, — a un de ces noms caractéristiques :

Magasins des constructions navales, magasin général, bureau de la Direction du port, bureaux des approvisionnements, magasins de gréement,

Entrée du château de Brest.

ateliers de la voilerie, de la garniture et du charronnage, magasins aux cordages, ateliers de menuiserie, de serrurerie, corderie haute, pharmacie centrale voisine de l'Hôpital de la marine, bibliothèque de l'École de médecine navale, bureau du Conseil de santé, magasins de goudrons, de chanvres, petite scierie mécanique et nouvelle scierie, atelier de la poulierie. Sur les quais, successivement, un chantier à canons, un dépôt de gueuses, un parc à boulets, des obus, des crampons, des grappins, un dépôt

Mise à l'eau d'une baleinière.

des ancres, un chantier de pierres de taille, des amoncellements de charbon, la tonnellerie, les cales de la boucherie, le parc au bois de chauffage, le plateau où se dépècent les vieux vaisseaux. Au fond du port, dans Villeneuve, l'établissement des pupilles de la marine, pour les orphelins de sept à treize ans.

Puis, les oreilles pleines du sifflet des machines à vapeur, du gémissement des treuils, du vacarme des poulies, du grincement des roues d'engrenage, des coups saccadés du maillet des calfats, des bruits sourds des marteaux-pilons, passez sur l'autre rive vous. verrez : les magasins d'artillerie, d'affûts de bord, de caissons, la buanderie, les magasins de la mâture, l'atelier des cabestans, l'École élémentaire des apprentis, les ateliers de peinture et de sculpture, le Musée maritime, le poste du chirurgien en chef, les bureaux de la comptabilité des constructions navales, des ingénieurs des travaux, les grandes forges, les halles d'ajustage, de montage et de fonderie, la grosse chaudronnerie; et, encore des ateliers de machines à vapeur, de machines-outils à percer, à buriner, à cintrer, les fours à réchauffer les tôles, l'atelier du zingage, celui des martinets, la limerie, le magasin aux fers, les dépôts de quincaillerie, de taillanderie. Alors viennent des boulangeries, des magasins de salaisons, de légumes secs et de denrées coloniales ; au-dessus du parc de subsistances : un Observatoire pour les élèves de l'École navale, une fonderie, les ateliers, — isolés, — de fabrication des cartouches, des gargousses, des fusées, de la poudre fulminante, l'usine de compression du gaz. Et, chemin faisant, on rencontre l'ancien bagne, le hangar du canot impérial construit en 1811 pour Napoléon Ier, l'*Hercule*, vaisseau pénitentiaire, les formes et bassins de radoub du Salon, les citernes des souffleries gigantesques qu'alimonte un canal souterrain. On croise les voies ferrés de l'Arsenal, au-dessus desquelles s'élèvent un sémaphore, le maréographe, des grues colossales destinées à charger les vaisseaux, à mâter les navires, à décharger les gros canons des cuirassés, près de hangars où s'abritent les machines à rayer et à fretter les bouches à feu.

Sur les quais de cette ville guerrière, que dominent les casernes énormes de la Division de la Flotte, la Maison d'arrêt militaire, etc., vous verrez trôner le *Consulaire*, pièce de canon tombée aux mains des Français lors de la conquête d'Alger et qui décore une des extrémités de l'Esplanade du Magasin général, faisant pendant à une belle statue de Coysevox, l'*Amphitrite;* et dans les cales sèches ou dans les bassins : des cuirassés, de nouveaux croiseurs éclairés à l'électricité depuis la soute aux poudres jusqu'aux fanaux de la mâture, des gardes-côtes; l'*Iphigénie*, sorte d'École d'application au sortir de l'École navale, des frégates, bricks, goélettes, avisos, chaloupes, canots, baleinières, gabares, dragues, chalands... et toute la famille des torpilleurs aux noms suggestifs : la *Dague*, la *Flèche*, la *Couleuvrine*, la *Bombe*, contre-torpilleurs, torpilleurs de haute mer, torpilleurs de la défense mobile, tous les échantillons de la marine de guerre! Et ce n'est pas tout, il vous faut encore visiter l'Armurerie et la Salle d'armes où sont accrochés en panoplies sur les murs ou groupés en faisceaux dans les salles des sabres, des épées, des haches, des baïonnettes, des fusils, pistolets,

A serrer les voiles !

revolvers, revolvers-canons, des épieux, piques, lances, hallebardes, des pertuisanes des mousquets, des carabines.

Sur le pont tournant, définitivement fixés à l'amarre : l'*Amiral,* vieille frégate aujourd'hui corps de garde flottant et maison d'arrêt des aspirants ; la *Renommée* et le *Cyclops* remplaçant le *Vuloain* et le *Souffleur,* bâtiments de la réserve que commande un capitaine de frégate, et la *Souveraine* qui sert de caserne aux ouvriers mécaniciens, charpentiers, calfats et voiliers en attendant leur embarquement sur les vaisseaux de la Division. C'est la batterie du Fer à cheval qui tire le coup de canon de diane et de retraite, annonçant l'ouverture et la fermeture du port de guerre.

Sur le quai de la màture, par un tunnel creusé sous le Château, un chemin de fer maritime met le port de guerre en communication

BREST. — Le cours d'Ajot.

Le port de commerce, la rade et le goulet vus du cours d'Ajot.

BREST.

—

Vue du
port militaire
et du
pont tournant
fermé.

avec le port de commerce et la grande ligne de Brest
à Paris. Du port de commerce on remonte dans la ville
par un escalier monumental qui aboutit au milieu du
Cours d'Ajot, belle promenade, bien ombragée et que
décorent à ses deux extrémités les statues de Coysevox,
Neptune et l'*Abondance*.

Brest, malgré son attirail de guerre, est galant et paisible à ses heures : il vous offre pendant la
belle saison ses bains de mer sur la plage de Lanninon, près la porte du Conquet, ou encore dans la

baie de Sainte-Anne, un des plus jolis sites de la rade merveilleuse que l'on découvre de là tout entière et qui est si tentante à explorer !

Des bateaux à vapeur partent plusieurs fois par semaine du port de commerce de Brest pour le *Fret,* petit havre situé de l'autre côté de la rade, et d'où l'on gagne en voiture *Crozon ;* dans le voisinage du bourg s'ouvre l'anse de *Morgat,* vaste plage entourée de grottes profondes où s'engouffre la mer, de côtes escarpées et déchiquetées qui dominent de 60 à 80 mètres le rivage. Un autre petit steamer conduit à *Lauberlach;* derrière la pointe de l'Armorique, pays très fréquenté pendant la saison des fraises.

De Brest, le chemin de fer vous conduit à Kerhuon, ou des bateaux vous débarquent au Passage, pour de là visiter *Plougastel,* célèbre par son calvaire et les costumes extraordinairement pittoresques de ses habitants. Et l'on peut faire encore plus d'une jolie excursion à l'intérieur ou aux abords de la rade : nous y reviendrons dans notre prochain voyage de *Vingt Jours sur les côtes bretonnes de Nantes à Brest*[1], et nous irons alors jusqu'à la pointe *Saint-Mathieu,* au *Conquet* et à *Kermorvan,* tout au bout de la terre !

1. Vient de paraître dans toutes les librairies.

TABLE DES MATIÈRES

VITRÉ. — L'abeidiole du Château.

RENSEIGNEMENTS PRATIQUES

---◎---

De Paris à Vitré : 1ʳᵉ cl., 37 fr. 65 ; 2ᵉ cl., 25 fr. 40 ; 3ᵉ cl., 16 fr. 55.

De Paris à Rennes : 1ʳᵉ cl., 41 fr. 90 ; 2ᵉ cl., 28 fr. 25 ; 3ᵉ cl., 18 fr. 45.

De Rennes à Saint-Malo : 1ʳᵉ cl., 2 fr. 35 ; 2ᵉ cl., 1 fr. 60 ; 3ᵉ cl., 1 fr.

CÔTES BRETONNES

De Saint-Malo à Dinard (bateaux à vapeur) : 0 fr. 25 et 0 fr. 15.

De Dinard à Saint-Lunaire et à Saint-Briac (voitures publiques) : 1 fr. et 0 fr. 50 ; — de Dinan à Saint-Jacut-de-la-Mer : 2 fr. ; — de Dinard à Matignon : 2 fr. 50 ; à Plancoët : 2 fr. 50 ; correspondances pour Lamballe, Saint-Jacut, le Guildo, Saint-Cast.

De Paris à Lamballe : 1ʳᵉ cl., 49 fr. 50 ; 2ᵉ cl., 33 fr. 40 ; 3ᵉ cl., 21 fr. 80.

De Lamballe à Matignon : 2 fr. ; à Saint-Cast, 2 fr. 50 ; à Erquy, 2 fr. 50 ; à Pléneuf, 2 fr. ; à Dahouet, 1 fr. 50.

De Paris à Saint-Brieuc : 1ʳᵉ cl., 54 fr. 75 ; 2ᵉ cl., 34 fr. 95 ; 3ᵉ cl., 22 fr. 75.

SAINT-HERBOT.
La chapelle du pèlerinage.

RENSEIGNEMENTS PRATIQUES (*Suite*)

De Saint-Brieuc au Légué (petites voitures partant de la place du Guét) : 0 fr. 50 par place.

De Paris à Guingamp : 1re cl., 55 fr. 10; 2e cl., 37 fr. 20; 3e cl., 24 fr. 25.

De Guingamp à Paimpol (voitures publiques) : 3 fr. 40.

De Saint-Brieuc à Paimpol : par Lanvollon, 3 fr.; par les côtes, 5 fr., passant par Pordic, Binic, Etables.

De Paimpol à Tréguier (voitures publiques) : 2 fr.

De Paimpol à Lannion (voitures publiques) : 4 fr. par Tréguier et Lézardrieux.

De Paris à Lannion : 1re cl., 59 fr. 90; 2e cl., 40 fr. 45; 3e cl., 26 fr. 35.

De Lannion à Perros-Guirec et Ploumanac'h (voitures publiques) : 0 fr. 75.

Dans le Finistère.

De Paris à Morlaix : 1re cl., 61 fr. 60; 2e cl., 41 fr. 80; 3e cl., 27 fr. 10.

De Morlaix à Roscoff : 1re cl., 3 fr. 15; 2e cl., 2 fr. 10; 3e cl., 1 fr. 40.

De Morlaix à Saint-Jean-du-Doigt, à Plougasnou : 1 fr. 50.

De Morlaix à Carhaix : 1re cl., 5 fr. 50; 2e cl., 3 fr. 70; 3e cl., 2 fr. 40.

De Morlaix à Saint-Thégonnec : 1re cl., 1 fr. 70; 2e cl., 1 fr. 10; 3e cl., 0 fr. 75.

De Saint-Thégonnec à Landerneau : 1re cl., 2 fr. 90; 2e cl., 2 fr.; 3e cl., 1 fr. 25.

De Paris à Landerneau : 1re cl., 66 fr. 20; 2e cl., 44 fr. 70; 3e cl., 29 fr. 10.

De Landerneau à Lesneven (voitures publiques) : 2 fr.

De Paris à Brest : 1re cl., 68 fr. 30; 2e cl., 46 fr. 10; 3e cl., 30 fr. 05.

De Brest au Fret (bateaux à vapeur) : 0 fr. 50 c., correspondances pour Crozon et Morgat.

De Brest au passage de Plougastel (bateaux à vapeur) : 0 fr. 60, aller et retour (le dimanche).

De Brest à Kerhuon : 1re cl., 0 fr. 90; 2e cl., 0 fr. 60; 3e cl., 0 fr. 40; — de Kerhuon à Plougastel : 0 fr. 10 pour le bac.

De Brest à la pointe Saint-Mathieu : 1 fr. 50 (place des Portes).

De Brest au Conquet (courrier et voiture publique) : 1 fr. 50.

De Brest (place des Portes) partent aussi des voitures publiques pour Lannilis, Lannilco, Plouguerneau, Pouilaouco et Ploudalmézeau.

Paris. — L.-Imp. réunies, 7, rue Saint-Benoît.

UN CONSEIL PAR JOUR

TOUJOURS LE MÊME :

Ne voyagez jamais sans les

GUIDES CONTY

Les GUIDES CONTY, pratiques par excellence, se trouvent PARTOUT. — Prix : 3.50

Les GUIDES CONTY, pratiques par excellence, se trouvent PARTOUT. — Prix : 3.50

Touristes en Voyage, faites comme Moâ

NE VOYAGEZ JAMAIS

Sans les **GUIDES CONTY**

BAINS DE MER

DE

LA GARDE-SAINT-CAST

(CÔTES-DU-NORD)

Par LAMBALLE, PLANCOËT et DINARD

TERRAINS A VENDRE

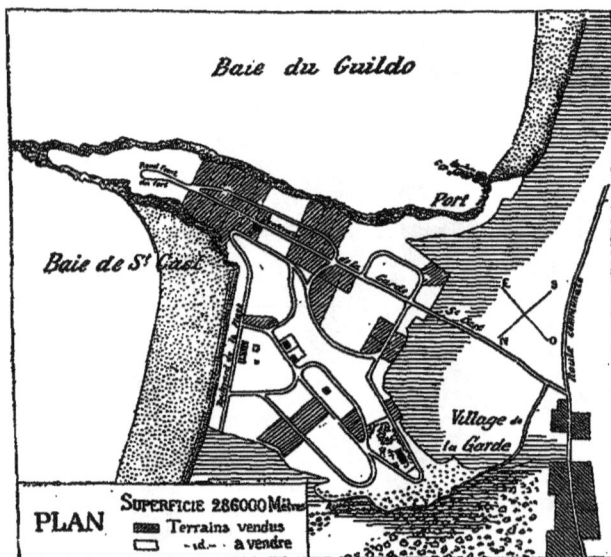

200,000 mètres de Terrains à vendre

POUR LA CONSTRUCTION : EAU, SABLE ET PIERRE SUR PLAGE

Pour les Jardins à créer : Culture Maraîchère, Pépiniériste et Horticole

BOIS PROMENADE

S'adresser à **M. MARINIER, propriétaire**

à la Garde-Saint-Cast

ou à **M. ALIX**, 95, boulevard Richard-Lenoir, Paris

CHEMINS DE FER DE PARIS A ORLÉANS

BAINS DE MER DE L'OCÉAN

BILLETS D'ALLER ET RETOUR A PRIX RÉDUITS

—◁ *Valables pendant 33 jours* ▷—

Du 1er Mai au 31 Octobre, il est délivré des *Billets d'Aller et Retour* de toutes classes, par toutes les gares du réseau, pour les stations balnéaires ci-après :

Saint-Nazaire.	Vannes (Fort-Navalo, Saint-Gildas-de-Rhuys).	Concarneau (Beg-Meil, Fouesnant).
Pornichet.		Quimper (Bénodet).
Escoublac-la-Baule.	Plouharnel-Carnac.	Pont-l'Abbé (Langea, Lectudy).
Le Pouliguen.	Saint-Pierre-Quiberon.	
Batz.	Guiberon (Belle-Isle-en-Mer).	Douarnenez.
Le Croisic.	Lorient (Port-Louis, Larmor).	Châteaulin (Pentrey, Crozon, Morgat).
Guérande.	Quimperlé (Pouldu).	

Les billets pris à toute gare du réseau située dans un rayon de 250 kilomètres des stations balnéaires ci-dessus comportent une réduction de 40 0/0 en 1re classe, de 35 0/0 en 2e classe et de 30 0/0 en 3e classe.
Les billets pris à toute gare située dans un rayon inférieur à 250 kilomètres desdites stations comportent une réduction de 20 0/0 sur le double du prix des billets simples.

Excursions en AUVERGNE et dans le LIMOUSIN
permettant de visiter

Le MONT-DORE, La BOURBOULE, ROYAT, CLERMONT-FERRAND, NÉRIS et ÉVAUX
Avec arrêt facultatif à toutes les Gares du parcours.

Prix des Billets : 1re classe, 98 fr. ; 2e classe, 73 fr. — Durée : 30 jours.
ITINÉRAIRE.— *Paris, Vierzon, Bourges, Montluçon, Chambles-Néris* (Bains de Néris), *Evaux* (Bains d'Evaux), *Aygurande, Laqueuille* (Bains de Mont-Dore et de la Bourboule, *Royat* (Bains de Royat), *Clermont-Ferrand, Larynac, Ussel, Limoges* (par *Tulle, Brive* et *St-Yrieix,* ou par *Aymoutiers), Vierzon, Paris* ou *vice versa.*

Avis essentiel. — Les prix ci-dessus ne comprennent pas le parcours de terre dans les services de correspondance de *Chambles-Néris* à *Néris,* — 2e la gare à la localité d'*Evaux* et de *Laqueuille* au *Mont-Dore* et à *La Bourboule.*

Ces Billets sont délivrés du 1er Juin au 30 Septembre.

BILLETS DE PARCOURS SUPPLÉMENTAIRES A PRIX RÉDUITS

Il est délivré à toutes les gares du réseau des billets *Aller et Retour* à prix réduits pour aller rejoindre l'itinéraire ci-dessus, ainsi que de tout point de cet itinéraire pour s'en éloigner.

Excursions en Touraine, aux Châteaux des Bords de la Loire
ET AUX STATIONS BALNÉAIRES
De la Ligne de SAINT-NAZAIRE, au CROISIC et à GUÉRANDE
BILLETS DÉLIVRÉS TOUTE L'ANNÉE

1er ITINÉRAIRE (*Durée : 30 jours*).	2e ITINÉRAIRE (*Durée : 15 jours*).
PRIX DES BILLETS	PRIX DES BILLETS
1re cl., **86 fr.** ; 2e cl., **68 fr.**	1re cl., **54 fr.** ; 2e cl., **44 fr.**
Paris, Orléans, Blois, Amboise, Tours, Chenonceaux et retour à Tours, Loches et retour à Tours, Langeais, Saumur, Angers, Nantes, St-Nazaire, Le Croisic, Guérande et retour à Paris, vid Blois ou Vendôme.	Paris, Orléans, Blois, Amboise, Tours, Chenonceaux et retour à Tours, Loches et retour et Tours; Langeais et retour à Paris, vid Blois ou Vendôme.

BILLETS DE PARCOURS SUPPLÉMENTAIRES A PRIX RÉDUITS

BILLETS DE FAMILLE

Des billets de famille comportant une réduction de 25 à 40 %, suivant le nombre des personnes, sont délivrés toute l'année à toutes les gares du réseau pour les stations balnéaires du Midi ci-après désignées, et sous réserve d'un parcours à effectuer de 500 kilomètres au moins, aller et retour compris pour :

Alet, Arcachon, Argelès-Gazost, Ax-les-Thermes, Bagnères-de-Bigorre, Bagnères-de-Luchon, Banyuls-sur-Mer, Biarritz, Cambo-Ville, Capvern, Cérèt (Amélie-les-Bains, La Preste, etc.), Couiza-Montazels, Dax, Guéthary (halte), Hendaye, Lamalou-les-Bains, Larune (les Eaux-Bonnes, les Eaux-Chaudes), Oloron-Sainte-Marie, Pau, Pierrefitte-Nestalas (Cauterets), Prades (Le Vernet et Molitg), Saint-Girons, Saint-Jean-de-Luz, Saint-Fleur (Chaudes-Aigues), Salies-de-Béarn, Salles-du-Salat et Ussat-les-Bains.

La durée de validité des Billets de famille est de 33 jours, non compris les jours de départ et d'arrivée.

PROLONGATION DE DURÉE DE VALIDITÉ DES BILLETS. — La durée de validité de la plupart des Billets ci-dessus peut être prolongée moyennant supplément. — Pour plus amples renseignements, s'adresser : à Paris, à la Gare d'Orléans (quai d'Austerlitz) et dans les Bureaux-succursales, ainsi qu'à toutes les Gares et stations du réseau.

LES BILLETS DOIVENT ÊTRE DEMANDÉS A L'AVANCE

Envoi de Prospectus détaillés et de Livrets de voyages circulaires, etc. sur demande. — Adresser les demandes à l'Administration centrale, 1, place Valhubert, Paris.

BAINS DE MER

BILLETS D'ALLER ET RETOUR INDIVIDUELS A PRIX RÉDUITS

Valables du Vendredi au Lundi inclusivement, délivrés jusqu'au 31 Octobre 1892

DE PARIS AUX GARES SUIVANTES :	1re CLASSE.	2e CLASSE.	DE PARIS AUX GARES SUIVANTES :	1re CLASSE.	2e CLASSE.
DIEPPE (Pourville, Puys, Berneval, Criel)..............	27 fr. »	20 fr. »	CHERBOURG..	50 fr. »	38 fr. »
Le TRÉPORT et EU (Mers).............................	30 »	21 »	PORT-BAIL et CARTERET...............................	54 »	40 »
CANY (Veulettes, les Petites-Dalles).................			COUTANCES (Agon, Containville, Régneville)...........	52 »	40 »
SAINT-VALERY-EN-CAUX (Veules)			GRANVILLE (Donville, Saint-Pair, Bouillon-Jullouville,	45 »	34 »
LE HAVRE (Sainte-Adresse, Bruneval)...............			Carolles, Saint-Jean-le-Thomas).....................		
Les IFS (Etretat, Vaucottes-sur-Mer, Bruneval).......	30 »	22 »	SAINT-MALO-SAINT-SERVAN (Paramé, Rothéneuf, Can-		
FÉCAMP (Yport, Etretat, Vaucottes-sur-Mer, Bruneval			cale (par la gare de la Gouesnière-Cancale).........		
Les Petites-Dalles, Les Grandes-Dalles, Saint-Pierre-			DINARD (Saint-Enogat, Saint-Lunaire, Saint-Briac	60 »	45 »
en-Port)..			Landieux)..		
TROUVILLE-DEAUVILLE (Villerville)..................			LAMBALLE (Pléneuf, Le Val-André, Erquy, La Garde-		
VILLERS-SUR-MER, HONFLEUR, CAEN................			St-Cast, St-Jacut-de-la-Mer) par la gare de Plancoët .		
CABOURG (La Dome-Varaville)	33 »	24 »	SAINT-BRIEUC (Portrieux, Saint-Quay)...............	62 »	46 »
DIVES, BRUEZEVAL (Houlgate).......................			LANNION (Perros-Guirec).............................	72 »	53 »
LUC, Lion-sur-Mer, LANGRUNE,	Ces prix comprennent	34 »	25 »	MORLAIX (Saint-Jean-du-Doigt)......................	74 »	55 »
SAINT-AUBIN............. } le parcours total par			SAINT-POL-DE-LÉON, ROSCOFF (Ile de Batz)	77 »	58 »
BERNIÈRES.............. } chemin de fer.	35 »	26 »	BREST...	82 »	61 »
COURSEULLES (Ver-sur-Mer)........ }			SAINT-NAZAIRE..	60 »	45 »
BAYEUX (Arromanches, Port-en-Bessin, Saint-Laurent-					
sur-Mer, Asnelles)...................................	36 »	27 »	EAUX THERMALES		
ISIGNY (Grandcamp-les-Bains, Sainte-Marie-du-Mont).	40 »	30 »			
MONTEBOURG et VALOGNES (Quinéville, Saint-Vaast-la-			FORGES-LES-EAUX (Seine-Inférieure), ligne de Dieppe		
Hougue) parcours par le chemin départemental de Mon-			par Gournay..	19 »	14 »
tebourg et Valognes à Barfleur, non compris dans le			BAGNOLES-DE-L'ORNE, par Briouze	40 »	30 »
prix du billet)..	45 »	34 »			

ALLER par tous les trains du Vendredi du Samedi et du Dimanche. — RETOUR par tous les trains du Dimanche et du Lundi *seulement*. — Toutefois, ces billets sont valables le Jeudi par les trains partant de Paris dès 6 h. 30 du soir. — Par exception, les billets pour **Saint-Malo, Dinard, Lamballe, Saint-Brieuc, Lannion, Morlaix, Saint-Pol-de-Léon, Roscoff, Brest et Saint-Nazaire** sont valables, au retour, jusqu'au Mardi inclusivement.

Les deux coupons d'un billet d'*aller et retour* ne sont valables qu'à la condition d'être utilisés *par la même personne*; en conséquence, la *vente* et l'*achat* des coupons de retour sont interdits. — Les billets de 2e classe ne sont admis que dans les trains qui comportent des voitures de cette classe.

Nota. — *Les Prix ci-dessus ne s'appliquent qu'au parcours en chemin de fer.*

VOYAGES CIRCULAIRES A ITINÉRAIRES FIXES

Il est délivré, pendant toute l'année, à la gare de Paris-Lyon, ainsi que dans les principales gares situées sur les itinéraires, des *billets de voyages circulaires à itinéraires fixes*, extrêmement variés, permettant de visiter, en 1re ou 2e classe, à des prix très réduits, les contrées les plus intéressantes de la France (notamment l'Auvergne, le Dauphiné, la Savoie, la Provence, les Pyrénées, etc), ainsi que l'Algérie, la Tunisie, l'Espagne, le Portugal, l'Italie et la Suisse.

Billets d'Aller et Retour collectifs

DÉLIVRÉS PAR TOUTES LES GARES P.-L.-M.

pour

LES VILLES D'EAUX

desservies par le réseau P.-L.-M. — *Valables 30 jours avec faculté de prolongation*, moyennant 10 0/0 de supplément pour chaque période de prolongation.

Il est délivré, du 15 Mai au 15 Septembre, dans toutes les gares du réseau P.-L.-M., sous condition d'effectuer un parcours minimum de 300 kilomètres aller et retour, aux familles d'au moins quatre personnes payant place entière et voyageant ensemble, des billets d'aller et retour collectifs de 1re, 2e et 3e classe pour les stations suivantes : Aix, Aix-les-Bains, Albertville, Bourbon-Lancy, Carpentras, Celle, Chambéry, Charbonnières, Clermont-Ferrand, Cluses, Goudes, Digne, Euzet-les-Bains, Evian-les-Bains, Genève, Gières-Uriage, Goncelin, Allevard, Grolay-le-Piot-la-Cellie, La Bastide-Saint-Laurent-les-Bains, Lépin-Lac-d'Aiguebelette, Le Vigan, Manosque, Montélimar, Montpellier, Montrond, Moulins, Pougues, Riom, Ris-Chateldon, Roanne, Sail-sous-Couzan, Saint-Georges-de-Commiers, Saint-Julien-de-Cassagnes, Saint-Martin-d'Estréaux, Salins, Santenay, Sauve, Thonon-les-Bains, Vals-les-Bains-la-Bégude, Vandenesse-Saint-Honoré-les-Bains, Vichy, Villefort.

Le prix s'obtient en ajoutant au prix de six billets simples ordinaires le prix d'un de ces billets pour chaque membre de la famille en plus de trois. Les trois premières personnes paient donc le plein tarif et la quatrième personne et les suivantes le demi-tarif.

Les demandes de ces billets doivent être faites 4 jours au moins avant celui du départ, à la gare où le voyage doit être commencé.

Billets d'Aller et Retour

DE PARIS A BERNE

ET A INTERLAKEN

Via Dijon-Pontarlier-Les Verrières-Neuchâtel ou réciproquement.

PRIX DES BILLETS :

de PARIS à

BERNE			INTERLAKEN		
1re classe.	102 fr.		1re classe.	114 fr.	
2e —	76	»	2e —	86	»
3e —	56	»	3e —	62	»

Valables 90 jours.

Billets délivrés du 15 avril au 15 octobre.

DE PARIS A TURIN

A MILAN ET A VENISE

Via Mont-Cenis ou réciproquement.

Valables 30 jours. — Arrêts facultatifs.

POUR TURIN		POUR MILAN	
1re classe.	160 fr.	1re classe.	172 fr.
2e —	115 »	2e —	125 »

POUR VENISE

1re classe	216 fr. 35
2e	154 fr. »

Billets d'Aller et Retour de Bains de mer

(Billets individuels et collectifs)

Il est délivré, *du 1er Juin au 16 Septembre* de chaque année, des billets d'aller et retour de bains de mer, de 1re, 2e et 3e classe, à prix réduits pour les stations balnéaires suivantes :

Aigues-Mortes, Antibes, Bandol, Beaulieu, Cannes, Hyères, La Ciotat, La Seyne-Tamaris-sur-Mer, Menton, Monaco, Monte-Carlo, Montpellier, Nice, Saint-Raphaël, Toulon et Villefranche-sur-Mer.

Ces billets sont émis dans toutes les gares du réseau P.-L.-M. et doivent comporter un parcours minimum de 300 kilom., aller et retour.

PRIX. — Le prix des billets est calculé d'après la distance afférente au parcours réellement effectué et d'après un barème comportant des *réductions importantes atteignant jusqu'à 50 0/0* pour les billets de famille.

Validité : 33 jours. — Arrêts facultatifs.

CARTES D'ABONNEMENT

De 1re, 2e et 3e classe. — Pour 3 mois, 6 mois ou un an.

(Paiement fractionné des prix.)

VOITURES DE LUXE

(Coupés, coupés-lits, fauteuils, lits-salons.)

Observation importante. — Les renseignements les plus complets sur les Voyages circulaires (conditions, prix, cartes, itinéraires) ainsi que sur les Cartes d'abonnement, Billets, directs et d'aller et retour, Relations internationales, etc., sont renfermés dans un *Livret-Guide* édité par la Compagnie P.-L.-M. et mis en vente dans les principales gares de son réseau et dans ses bureaux de ville au prix de 50 centimes.

SAISON DES BAINS DE MER

Du 15 Mai au 15 Octobre

PRIX AU DÉPART DE PARIS :

Billets d'Aller et Retour valables du Vendredi au Mardi

	1re cl.	2e cl.	3e cl.		1re cl.	2e cl.	3e cl.
Le Tréport-Mers	25 75	20 35	13 90	Wimille-Wimereux	34 55	26 10	19 30
Saint-Valery	27 15	21 35	14 75	Ambleteuse, Audresselles, Wissant			
Cayeux	27 15¹	21 35¹	14 75¹	(Marquise)	35 50²	26 75²	20 »¹
Le Crotoy	28 45¹	20 85¹	14 35¹	Calais	37 90	29 »	21 95
Berck	29 60¹	23 05¹	16 20¹	Gravelines	38 85	29 95	22 60
Etaples (Le Touquet — Paris-Plage) . . .	30 90	23 95	17 »	Dunkerque	38 85	29 95	22 60
Boulogne	34 »	25 70	18 90				

1. Ce prix ne comprend pas le trajet du chemin de fer d'intérêt local.   2. Ce prix ne comprend que le trajet en chemin de fer.

PARIS - LONDRES

CINQ SERVICES RAPIDES QUOTIDIENS DANS CHAQUE SENS. — *Tra'et en 7 h. 1/2.* — *Traversée en 1 h. 1/4.*

Tous les trains, sauf le **Club-Train**, comportent des 2ᵉˢ classes. — En outre, les trains de malle de nuit partant de **Paris** pour **Londres** à 8 h. 25 du soir, et de **Londres** pour **Paris** à 8 h. 15 du soir, prennent les voyageurs munis de billets de 3ᵉ classe.

DÉPART DE PARIS	**DÉPART DE LONDRES**
Viâ **Calais**-Douvres : 8 h. — 11 h. 20 du matin — 8 h. 15 (Club-Train) et 8 h. 25 du soir.	Viâ Douvres-**Calais** : 8 h. 20 — 11 h. du matin — 8 h. (Club-Train) et 8 h. 15 du soir.
Viâ Boulogne-Folkestone : 10 h. 10 du matin.	Viâ Folkestone-Boulogne : 10 h. du matin.

Les voyageurs munis de billets de 1ʳᵉ classe sont admis *sans supplément* dans la voiture de 1ʳᵉ classe ajoutée au Club-Train entre **Paris** et **Calais**.
De **Calais** à **Londres**, supplément de 12 fr. 50.

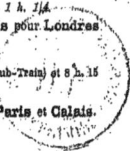